城市轨道交通设备系统联调联试

中铁电气化局集团有限公司　编著

中 国 铁 道 出 版 社

2015年·北 京

图书在版编目(CIP)数据

城市轨道交通设备系统联调联试/中铁电气化局集团有限公司编著. —北京:中国铁道出版社,2015.11
ISBN 978-7-113-20907-0

Ⅰ.①城… Ⅱ.①中… Ⅲ.①城市铁路—轨道交通—设备管理 Ⅳ.①U239.5

中国版本图书馆 CIP 数据核字(2015)第 205385 号

书　　名：城市轨道交通设备系统联调联试
作　　者：中铁电气化局集团有限公司

策　　划：罗桂英
责任编辑：徐　艳　　　　　　　**电话：**010-51873193
封面设计：郑春鹏
责任校对：胡明锋
责任印制：郭向伟

出版发行：中国铁道出版社（100054，北京市西城区右安门西街 8 号）
网　　址：http://www.tdpress.com
印　　刷：中煤涿州制图印刷厂北京分厂
版　　次：2015 年 11 月第 1 版　2015 年 11 月第 1 次印刷
开　　本：787 mm×1 092 mm　1/16　**印张：**11.5　**字数：**220 千
书　　号：ISBN 978-7-113-20907-0
定　　价：100.00 元

《城市轨道交通设备系统联调联试》
编 委 会

序言 Preface

我国城市轨道交通的发展起步于几个主要的大城市：1906 年天津第一条有轨电车投入运营，成为我国第一个拥有有轨电车的城市；1908 年上海成为我国第二个拥有有轨电车线路的城市；1969 年中国第一条地铁线路在北京投入运行，且具备交通和人防双重功能。

近年来，我国城市轨道交通工程建设不断提速，目前，国务院已经批复了 39 个城市轨道交通的近期建设规划，总里程 6 300 多公里，总投资近 3.3 万亿元，其大部分项目将于 2020 年前建成。未来几年的年均建成里程将保持在 500 公里以上。良好的发展机遇，客观要求我们必须不断地对建设过程的各个环节进行分析、整理、反思和总结，使之更加安全、有序、高效，以促进行业健康、科学发展。

城市轨道交通设备系统联调的建设期间的管理模式是中铁电化局首先在北京 5 号线尝试实施，并在以后的多个城市、多条线路建设中延续，在收到了良好的经济效益和管理绩效的同时，也逐步提炼出一套具有专业化、精细化、综合化的管理理念和实施做法。符合轨道交通建设的发展规律；特别是其管理具有高度的专业性、服务性、综合性，该管理模式已被多个城市所接受。目前，项目遍及北京、南京、大连、重庆、南昌、长沙等地。

城市轨道交通一般由车辆及车辆段设备、接触网、供变电、通信、信号、综合接地、旅客信息、自动售检票、导向标识、站台门、给排水及消防、通风空调、气体灭火及火灾报警、环境设备与监控、门禁、综合监控、动力照明、电扶梯、疏散平台等设备和系统组成。

综合联调是城市轨道交通建设的关键阶段，是客观规律。合理组织综合联调，在有限时间内综合利用线路条件，加强协调管理，完成地铁全线（包括正线、控制中心、车辆段、停车场）各专业、各系统间的系统联调，并及时解决不满足运营安全要求的问题，安全有序的组织施工调试，满足地铁建设工期要求。本阶段一般包括动车调试与系统调试，两部分均调试完成确认无误后，方可进入空载试运行阶段。经过城市轨道交通试运营基本条件评审后，方可正式投入试运营。

本书一共分为五章，第一章对综合调试及所调试的设备系统进行介绍；第二章阐述动车调试的运作方式和流程；第三章讲解了系统调试管理与服务；第四章阐述了全线贯通列车的各设备之间的接口调试，确保全线贯通的前提条件；第五章介绍了综合调试结尾阶段的三权移交及与运营单位的配合；本书注重实操性，图表案例翔实，既阐述专业技术知识，又剖析常见问题和薄弱环节；力求学以致用，解决实际问题。

该书是从事城市轨道交通系统调试等有关领域的相关技术、管理人员的一本具有较高实用价值的参考书。

施仲衡

2015.9.12.

前 言 Foreword

随着世界范围内的城市化进程加快，城市建设日新月异，经济日益繁荣，人员、物质流动加快，城市轨道交通已成为城市内部、城市与外界之间交通、物流运输的主要载体。

城市轨道交通诞生于19世纪中叶的英国伦敦，经历了150多年的发展历史。我国城市轨道交通始建于北京地铁第一期工程，于1969年10月建成通车。改革开放以来，随着经济的发展，我国城市化进程加快，国家确立了优先发展城市公共交通的城市发展战略。建立以大容量快速轨道交通为骨干、以公共交通为主体的综合交通体系，解决城市交通拥挤问题，从而实现可持续发展。截至目前，批准修建地铁的城市有39个，总的规划里程超过7300公里。已经有22个城市开通了轨道交通，运营里程2764公里，其中北京、上海都已经超过500公里，在全世界名列前茅。

城市轨道交通设备系统建设分为设备初步设计、设备采购制造、设备安装、单系统调试、联调联试、试运行及试运营等阶段。其中联调联试的作用是检验各主要系统间的接口关系是否正确，运作是否协调，能力是否满足各种可能出现的设计预定情况和运营要求，并从整体上检验城市轨道交通系统的可用性、稳定性和安全性，联调联试是城市轨道交通建设的关键阶段，其工作质量对保证城市轨道交通安全、可靠的运营起着至关重要的作用。本阶段一般包括动车调试与系统调试，两部分均调试完成确认无误后，方可进入试运行阶段。一般来讲，试运行一段时间安全正常后，方可正式投入运行。

本书一共分为五章，第一章对综合调试及所调试的设备系统进行介绍；第二章阐述动车调试的运作方式和流程；第三章讲解了系统调试管理与服务；第四章阐述了全线贯通列车的各设备之间的接口调试，确保全线贯通的前提条件；第五章介绍了综合调试结尾阶段的三权移交及与运营单位的配合。

感谢北京城市快轨建设管理有限公司、重庆轨道交通集团有限公司在联调联试工作中给予的信任、支持与肯定。

因各城市轨道交通设计不同，具体情况可能与本书略有差异；由于笔者水平及时间所限，本书中不当之处，谨请读者指正。

作　者

2015 年 5 月

目　　录

第一章　综合调试简介

第一节　综合调试概述

一、术语

1. 单体调试/单机调试

设备在安装后而未与系统连接时，为确认其是否符合产品出厂标准和满足实际使用条件而进行的单机或单体加电、调试工作。

2. 点表

为了使相连各系统接口软件的通信正常和完整性，各设备厂家、集成商和设计院把设备的数量、参数及工作模式用相应的表格来表征，并定义唯一的机器代码，用于编制双方的软件程序。

3. 点对点测试

对于存在软件协议的互联接口，检查接口双方系统数据库对应关系正确性的测试。

4. 端对端测试

以综合监控系统为中心，检查其人机界面与其互连的各系统的现场终端数据传送正确性的测试。

5. 模式测试

在综合监控系统或上位机人机界面上触发预先定义的工作模式，检查其控制的关联系统终端设备的工作状态是否符合模式要求。

6. 综合调试

在有限时间内综合利用线路条件，加强协调管理，完成地铁全线（车辆段/停车场/正线/控制中心）各专业、各系统间的系统调试，并及时解决不满足运营安全要求的问题，安全有序地组织施工调试，满足地铁线路运营安全、可靠、可用性的要求，为全线列车试运行奠定基础。

7. 限界检测

为了确保轨行车辆的正常、安全运行，对于轨行区断面上涉及的建筑物及设备不允许超过轮廓尺寸线，该尺寸线称为限界。轨行车辆在上线前需按设计要求对相应的轨行区进行限界检查，以确保安全通行。

8. 冷滑

在架空接触网或接触轨无电条件下，受电弓或受电靴沿架空接触网或接触轨滑行的试验。

9. 热滑

在架空接触网或接触轨系统带电条件下，列车进行带电运行的试验。

10. 动车调试

对地铁线路、信号、车辆、通信、供电等专业通过行车调度系统统一指挥，并对列车牵引、运行、制动、开关安全门、车地传递视频信息等功能进行综合试验。动车调试的目的在于在地铁线路正式运营前发现问题并及早解决。

11. 系统调试

在各系统单体调试工作基本结束后各系统之间的联合调试，验证各系统能否达到设计及运行要求，包括以车辆、信号、综合监控系统为中心的所有接口功能试验和调试，并完成各项验收工作，为顺利试运行做好准备。

12. 试运行

城市轨道交通工程冷、热滑试验成功，动车、系统调试结束后，通过不载客列车运行，对运营组织管理和设施设备系统的可用性、安全性和可靠性进行检验。

13. 试运营

城市轨道交通工程所有设施设备验收合格，整体系统可用性、安全性和可靠性经过试运行检验合格后，在正式运营前所从事的载客运营活动。

二、工作内容

综合调试包括以车辆、信号为中心的动车调试和以综合监控为中心的系统调试。鉴于动车调试和系统调试的进度及前置条件不相同，综合调试的开始时间无严格的规定，通常情况可以以动车调试和系统调试两者的最先开始时间作为起始时间。

动车调试前应完成轨行区设备的安装、接触网已经送电完成并移交变电所送电的控制权、轨道已经初验合格并提供具备行车的证明文件、信号系统已具备动车条件并提供证明文件，轨行区三权已经进行移交。

系统调试前双方系统应完成设备安装验收、单体调试或本系统的调试，接口线缆已经按照相关文件的界面划分敷设、测试完毕。对于各系统未全部完成调试前，为了节约工期，可以提前开始综合调试工作，对具备调试的部分接口进行先行调试。

综合调试的结束时间一般以三权移交运营公司和模式调试完成为节点，合同有其他约定的按约定执行。

1. 隧道水冲洗

隧道水冲洗是在调试接管区间施工结束后、冷滑开始前，在区间具备水源及排水功能的条件下，联调方组织人力对区间地面、排水沟及人行平台上的垃圾、灰尘进行清扫，然后对隧道顶部、侧壁、道床、排水沟的浮尘、灰尘进行冲洗，确保后期动车调试时区间无影响行车视线的现象。根据区间接管的进度及水源和排水的情况，可以沿线路依次冲洗，也可分区段冲洗，对于区间移交条件较好，且工期紧张,比较适合采用机械化装置冲洗。

2. 钢轨预打磨

钢轨预打磨指新建无缝线路开通运营前为避免钢轨表面微小缺陷的发展扩大,对全线钢轨工作面进行的打磨,部分地区该项工作由联调服务商完成。

3. 冷滑试验

冷滑试验为列车在不带电条件下,由内燃机车或专用冷滑试验车牵引在轨道上进行的试验。其主要目的在于:

(1)检查各系统设备安装和性能是否符合设计要求;

(2)检查系统设备、设施是否满足限界要求;

(3)检验线路、接触网安装位置是否满足设计标准;

(4)检查信号系统基础联锁关系是否达到设计要求;

(5)为热滑试验提供条件。

4. 热滑试验

热滑试验是在地铁供电系统正常送电条件下列车自力运行进行的试验,其主要目的在于:

(1)检验线路、接触网在动荷载作用下位置、结构牢固、可靠程度能否满足设计标准;

(2)检验供电系统设备能否满足列车运行的需求,稳定性、可靠性能否达到设计要求;

(3)检验地面信号设备的性能是否符合设计要求;

(4)检验通信设备在使用中各项功能是否符合设计要求;

(5)为动车调试提供条件。

5. 动车调试

主要是在冷、热滑试验完成的基础上,对车辆系统、信号系统进行系统功能调试,完成各项测试指标,满足系统设计要求。

(1)车辆调试

主要完成车辆型式试验和例行试验。

(2)信号系统调试

信号系统动车调试主要内容包括基本功能测试、ATP 控制功能测试、ATO 控车功能测试、冗余功能测试以及相关系统的接口测试。具体内容如下:

基本功能测试主要包括车地通信测试(主要检测车与地信息传输通道的通信质量等)、数据库验证(主要验证轨旁设备的位置坐标,如应答器、轨旁电台等)、列车位置检测(主要通过 TG 和轨旁无线设备获取列车位置的相关测试)及车载天线(VRS)的中继功能测试。

ATP 控制功能测试是指在完成基本功能测试的基础上,进行控制功能测试和验证，主要包括单车控制测试、多车控制测试、超速防护功能测试、临时限速功能测试、冒进防护测试、运行模式转换测试、自动进路触发测试、退行防护测试、位置不明列车的防护测试、紧急制动测试以及连续式和点式列车混合运行测试等。

ATO 控车测试，主要有点式 ATO 和连续式 ATO 两种运行测试，两种模式均在 ATP 防护下，自动驾驶列车运行。测试内容主要包括定点停车测试（停车精度是否满足设计要求）、舒适度以及自动折返测试。

冗余功能测试，主要测试信号系统车载、轨旁设备是否满足冗余的设计要求，冗余功能是否正常实现，包括轨旁设备单系故障测试、车载设备单系故障、无线天线（SRS）单系故障测试、车载天线（VRS）单系故障测试等。

相关系统的接口测试，主要测试信号系统与外部系统的接口测试，主要包括车门联动测试等。

6. 系统调试

系统调试涉及所有设备系统间的联合调试，主要包括点对点测试、端对端测试、模式测试三部分。

（1）点对点测试是检验从 BAS、FAS 及通信等系统的主控制器到相关接口系统的控制器/终端的正确性。

（2）端对端测试是检验从 ISCS 的人机界面（HMI）到现场设备的正确性。

（3）模式测试根据设计的联动模式表对所有设备系统的联动状态进行验证，测试结果满足相关技术标准对 BAS 系统功能的要求。

（4）主要测试内容（主要包含但不限于）：

1）完成 ISCS 与相关系统设备间的点对点、端对端及模式调试，检验各项功能是否符合设计要求；

2）完成通信系统与相关系统设备间的点对点、端对端调试，检验各项功能是否符合设计要求；

3）完成 BAS 系统与机电设备、环控系统（如环控柜、EPS、VRV、风阀、照明配电箱与 BAS 接口等）的点对点、端对端调试及模式调试，检验各项功能是否符合设计要求；

4）完成 FAS 系统与机电设备（如防火阀、消防泵、消防专用风机、消防电动蝶阀、应急照明等）的点对点、端对端调试及模式调试，检验各项功能是否符合设计要求；

5）完成 PSCADA 与变电所设备的点对点、端对端及模式调试，检验各项功能是否符合设计要求；

6）完成安全门、AFC、电扶梯等相关专业与各专业间的接口调试。

7. 与已开通段的贯通调试

完成与已开通段的贯通运营调试工作，衔接内容主要包括但不限于：

(1)综合监控系统

实现与已开通段综合监控系统的运营调度指挥管理统一、设备系统维护管理统一;实现与已开通段综合监控系统操作界面、系统功能及区间联动功能统一。

(2)FAS专业

实现与已开通段FAS的运营调度指挥管理统一、设备系统维护管理统一;实现与已开通段FAS的操作界面、系统功能及区间联动功能统一。

(3)供电系统

完成与已开通段供电系统的过渡衔接。

(4)信号系统

需实现与已开通信号的运营调度指挥管理统一、设备系统维护管理统一,即完成与已开通段信号系统的过渡衔接,完成全线调试。

(5)通信系统

完成与已开通段通信系统的过渡衔接,完成全线调试。

三、综合调试的优点

近年国内城市轨道交通正呈现快速发展的态势,合理组织安排地铁建设,加强各系统间综合调试,将安全有序地保证地铁建设工期,并及时解决不满足运营安全要求的问题。通过综合调试主要解决以下问题:

1. 目前新修地铁线采用了列车无人驾驶、移动闭塞等诸多新技术,这些新技术正式运用前需要对地铁线内车辆、线路轨道、供电、信号、通信、安全门等各系统进行现场线路联合调试试验,并验证与运行有关的线路、轨道、供电、信号、通信及限界能否满足车辆运行和设计要求,使其达到应有的功能,满足运营安全、可靠、可用的要求。

2. 通过首列列车样车型式试验和地铁线路各系统的调试试验,为整条地铁线投入试运行做好准备,并及时发现不满足运营安全要求的问题,提出建议解决方案。

3. 通过系统调试,主要验证工作包括但不限于:

(1)检验系统间的接口和通信规约的一致性。

(2)检验系统间的联动关系是否满足设计要求。

(3)检验系统功能是否满足初步设计要求。

(4)检验系统结构、功能、操作方法等是否满足初步设计规定的运营管理模式要求。

(5)检验系统的可靠性、实时性、可维护性等性能指标是否满足设计要求。

(6)验证系统的完整性。

(7)解决检验中出现的相关问题。

(8)完成各项必要的验收：

1)质量验收；

2)消防验收；

3)特种设备验收；

4)安全生产验收；

5)人防验收；

6)卫生验收；

7)环保验收；

8)防雷验收；

9)档案验收。

第二节 地铁设备系统简介

城市轨道交通一般由车辆、供电、通信、信号、综合监控、通风空调与供暖、给水与排水、火灾自动报警、环境与设备监控、乘客信息、门禁、电扶梯、安全门、自动售检票等设备、系统组成。本章将会对地铁设备系统作简要介绍。

一、供电系统

地铁供电系统包含变电所系统、环网系统、接触轨(接触网)系统、杂散电流防护系统、接地和电力监控系统。从技术构成上来看这些系统存在密不可分的联系，无论是基础设备的组合还是电气连接，它们都是一个有机的整体。变电所和环网系统为地铁电力牵引及动力照明提供了最基本的动力能源；接触网通过地铁车辆及装置为电力牵引提供电能，与接触网相关工程的开关柜以及直流电缆线路为地铁车辆提供并控制和保护牵引动力电源；杂散电流防护工程有效防止了直流系统对建筑结构的电力腐蚀；接地系统为地铁工程的各系统提供工作接地和保护接地。

1. 环网系统

地铁供电系统一般采用双环网供电方式，开闭所与各车站或附近的牵引降压混合变电所合建，共用母线。

开闭所采用单母线分段接线，其两路进线电源分别引自与本线相近供电局变电站，两路进线电源分列运行；其他变电所从开闭所或相邻变电所两段母线以“环串接线”方式引入两路电源，其两路电源分列运行，负担各自供电分区的牵引网负荷和动力照明负荷。

2. 高压开关柜

高压开关柜包括外电源进线隔离小车柜、外电源进线断路器柜、变电所进出线断路器柜、馈线断路器柜、母线联接断路器柜、母线及外电源进线隔离提升柜、

PT 柜、负荷开关柜、接地小车、服务小车。开闭所是指具有外电源进线的变电所，只有在开闭所才会有外电源进线隔离小车柜、外电源进线断路器柜和外电源进线隔离提升柜。

高压开关柜通常有 3 种运行方式：

(1)正常运行方式

变电所 10 kV/35 kV 母联开关和开闭所间联络开关均处于打开状态，每座变电所由两路电源供电，两段 10 kV/35 kV 母线分列运行。全线的变电所由开闭所按不同的供电分区供电。

(2)故障或检修运行方式

开闭所一回 10 kV/35 kV 外电源退出时的运行方式时，合上开闭所母联开关，由另一回 10 kV/35 kV 外电源向该开闭所供电范围内所有变电所供电。

非开闭所一回 10 kV/35 kV 进线电源退出运行时，合上该变电所母联开关，由另一回10 kV/35 kV 进线电源向该变电所供电。

(3)应急运行方式

当一座开闭所的 2 回外电源均退出运行时，合上开闭所间联络开关，由相邻开闭所支援供电。支援供电时保证不使两个开闭所电源连通，并且支援范围不越过退出运行的开闭所。

3. 接触网

接触网系统是从变电所向电力牵引单元提供电能的支撑网络。包含架空接触网系统和接触轨系统。

架空接触网系统：在城市轨道交通中，沿钢轨上空“之”字形架设的，供受电弓取流的直流输电线。接触网主要包含：基础构件，如支柱及支撑这些结构物的基础；支撑结构，主要是连接接触网导线和基础构件；接触网导线，作用就是传输电流给电力机车；其他辅助构件，包括回流线、附加悬挂等。电压等级一般为直流1 500 V。

接触轨系统：利用一个导体轨集电的接触网系统，采用刚性材料制造，通过绝缘子对地绝缘，沿钢轨平行布置，高度不在一个水平面，通过集电靴取电，电压等级一般为直流 750 V。供电方式可分为三种：

(1)上接触式：轨条与集电靴的接触面朝上。此构造最为简单，但易有漏电情况，影响供电稳定性。

(2)侧接触式：接触面位于侧面，并加上保护罩，较上触式减少与异物接触的机会。

(3)下接触式：利用位于轨条下方的接触面将电力传输至集电靴。由于绝大部分都披覆保护罩最为安全，故目前国内绝大部分接触轨系统皆采用此方式供电。

4.直流开关柜

直流开关柜主要有2个等级:750 V和1 500 V,技术条件包括进线柜、馈线柜(含备用柜、制动电阻馈线柜)、负极柜,且均为户内安装,通常有以下几种运行方式:

(1)正常运行方式

正极进线开关及其电动隔离开关、馈线开关、上网电动隔离开关、负极电动隔离开关合闸,使正极接触网和负极走行轨带电。备用馈线柜开关及馈线开关旁路电动隔离开关、越区电动隔离开关分闸。相邻两变电所构成双边供电。

(2)其他运行方式

1)方式一:同一牵引变电所内的两套牵引整流机组,一套退出运行,另一套继续运行;

2)方式二:某一馈线开关退出运行,由备用馈线开关代替其向接触网供电;

3)方式三:当一个牵引变电所退出运行,其供电区段由相邻牵引变电所单边或大双边供电。

5.整流器

整流器是一个整流装置,简单的说就是将交流电(AC)转化为直流电(DC)的装置。它有两个主要功能:第一,将交流电(AC)变成直流电(DC),经滤波后供给负载,或者供给逆变器;第二,给蓄电池提供充电电压。因此,它同时又起到一个充电器的作用。整流器在地铁供电系统中的作用是将交流电(AC)变成直流电(DC),经滤波后供给负载。整流器通常来讲有以下几种运行方式:

(1)正常运行方式

牵引变电所中的两套整流机组并联工作并组成等效24脉波整流方式,与相邻牵引变电所共同对正线接触网实行双边供电。车辆段范围内的接触网由其牵引变电所供电。

(2)其他运行方式

当正线各牵引变电所中的一套整流机组故障解除时,另一套整流机组继续运行;牵引变电所两套整流机组均退出运行时,由相邻牵引变电所越区大双边或单边供电。

6.低压开关柜

低压开关柜包括低压进线断路器柜、馈线断路器柜、母线联接断路器柜、电容补偿装置柜、母线桥。低压开关柜通常有以下几种运行方式:

(1)正常运行模式

正常工作时,两路10 kV/35 kV电源经配电变压器降压后,分别向两段400 V母线供电,400 V母线为单母线分段运行,并承担车站及区间动力照明的全部用电负荷。

(2)非正常运行模式

当一路电源失压时，延时跳闸，自动/手动切除两段母线上的三级负荷，母联开关合闸，由另一路进线承担全站所有的一、二级负荷；当失压电源恢复供电后，断开母联开关，母线分段运行，返回正常运行模式。

(3)火灾运行模式

当发生火灾时，FAS系统发出指令，由设于断路器处的分励脱扣器切除火灾区域内全部非消防电源。当FAS系统确认灾情处理完毕后，发出解除指令，由人工恢复火灾区域的正常供电。

7.综合接地

综合接地装置由埋在地下的接地网、接地引出线、接地母排、接地端子箱及接地电缆组成。接地网由水平接地体和垂直接地体组成。接地网上设置强、弱电接地引出线。车站站台板下左右两端各设置1块强、弱电接地母排，在车站照明配电间和环控电控室设接地模式，并通过电缆连接到站台板下强电母排。在车站站厅弱电井设弱电接地母排，并通过电缆与站台板下弱电接地母排相连，构成接地接地装置实用整体。

车站综合接地装置由人工接地体和自然接地体构成。自然接地体是利用地梁、地板和结构外墙钢筋作为自然接地网。人工接地网由埋在地下的接地网、接地引出线、接地母排、接地端子箱及接地电缆组成。

8.再生制动装置

再生制动装置由制动控制柜和制动电阻柜构成，采用斩波器和吸收电阻配合，当车辆再生电制动且制动能量不能被其他车辆或用电设备消耗时，再生电能消耗设备消耗该部分能量，根据吸收功率的大小及线网电压的变化状况自动调节斩波器的导通比，从而改变吸收功率，维持线网电压恒定。当车辆处于启动、加速、惰行、停站或线网无车辆运行时，装置不投入工作。

制动控制柜包括IGBT斩波器、驱动器、电压传感器、电流传感器、滤波电抗器、滤波电容及相关电阻等部分，实现吸收装置自动投入、撤出、滤波及检测等功能。制动电阻柜主要由吸收电阻组成，实现制动能量的吸收和排出功能。

制动控制柜由电动隔离开关柜和斩波器柜组成，采用自然风冷、户内型设备。电动隔离开关柜内主要设置电动隔离开关、接触器、滤波电抗器和滤波电容器，斩波器柜内主要设置IGBT斩波器，微机控制装置等。斩波器采用IGBT作为斩波元件，共设置6个斩波支路。斩波器柜内设置控制电源模块、微机控制系统、续流二极管、快速熔断器、电压电流传感器等。在每个斩波支路的电阻后设置一台手动隔离开关。斩波器由6个独立的支路组成，每一支路由一个IGBT斩波器控制，构成三相不重恒压吸收控制系统。10 kV/35 kV电网电压变化由10 kV/35 kV开关柜提供，直流牵引电网电压变化由电压传感器检测，牵引、制动工况的信号由整流输出正极柜提供的母线电流信号、交流侧提供的交流电压信号及电网电压传感器检测，送给微机控制系统，微机控制系统综合判断牵引变电所所处的工况（牵引或制动），确定斩波器的投入或退出，并对斩波器的导通比进行控制，测试波形图的调取、历史数据的查询。

制动电阻柜中的电阻器组件采用无骨架长波型电阻元件，吊挂结构安装，材料选用 Ni-Cr 非磁性电阻带，电感量低、电阻值温漂变化小、耐受温度高。每一支路电阻由 n 个电阻器组件串并联组合，大大减少分布电感对功率电子器件的影响。这是目前国内外应用比较普遍的方案，该方案简单、可靠、应用成熟，其主要缺点是该方案只能将电能转换为热能排掉，造成能源浪费，而且电阻散热会导致环境温度升高，因此需要相应的通风装置，又增加了相应的电能消耗；随着技术的发展再生装置所采用的方案还有电容储能型、飞轮储能型和逆变回馈型等 3 种。其中电容储能型是将制动能量吸收到大容量电容器组中，当供电区间有列车需要取流时将所储存的电能释放出去，其主要缺点是要设置体积庞大的电容器组，且电容因频繁处于充放电状态而导致使用寿命短；飞轮储能型的基本原理与电能储能型一样，只是储能元件为飞轮电机，但由于飞轮长时间处于高速旋转状态，且飞轮质量也很大，故摩擦耗能问题严重，飞轮工作寿命短；逆变回馈型是将车辆制动时的直流电逆变成工频交流电与车站内电网并网，可以能量回馈到环网或是 400 V低压系统内消耗。该方案有利于能源的综合利用，实现节能目标。

9. 钢轨电位限制装置

钢轨电位限制装置接在车站回流轨（钢轨）和接地端子之间，用于在钢轨电位高于设定值后，将回流轨（钢轨）接地，限制钢轨电位，保证旅客和工作人员人身安全。该装置室内安装，由接触器（短路装置）、晶闸管回路、测量和操作回路、保护装置、状态显示设备等组成。

当钢轨电位限制装置检测到钢轨与保护地之间的电压差大于装置一段动作电压时，接触器合闸，经设定时间后恢复开断。合闸后到恢复开断前的时间间隔可用时间继电器进行调整，调整范围为 0～120 s。当设定的时间内连续动作 3 次后，短路装置将不再恢复开断，而处在恒定合闸状态。装置的一段动作电压可在 DC 40 V～DC 120 V 范围内调节。

当钢轨电位限制装置检测到钢轨与保护地之间的电压差大于 120 V（二段动作电压）时，钢轨电位限制装置中设有的 HVL120-3.0 低电压限制器动作；内含变阻器式浪涌避雷器，将在毫微秒时间内动作来限制极高的电压峰值；内含的晶闸管将在约 400 μs 后动作，并将电压钳制在 3 V 以内。120 ms 后接触器动作并彻底释放电流。整个动作过程接触电压总是被限制在安全值。

在 HVL 动作后，保护 PLC 持续监测短接电流。当电流超过 50 A 小于 500 A，轨电位将在 10 s 后断开，但如果电压持续存在轨电位将继续动作循环，如果连续动作次数超过 10 次，装置将闭锁；当电流超过 500 A，轨电位将闭锁接触器保持闭合状态；当电流大于 1 000 A，轨电位还可产生一个联跳信号，用于联跳相关直流设备。

钢轨电位限制装置内设有信号接口模块，钢轨电位限制装置的状态、动作方式及测量数据可通过变电所综合自动化信号在远方终端显示，接口为硬结点方式，可通过直流开关柜边柜的 PLC 整合后上送。

钢轨电位限制装置的各种工作状态和测量数据在送向远方的同时，在本装置上也显示。信号的显示经复归后才能消失，具有对于当地和远方复归方式。可远方复归所有闭锁，实现无需人员值守。

10. 杂散电流防护系统

在直流牵引供电系统理想的情况下，牵引电流由牵引变电所的正极出发，经由接触网、列车、轨道、回流线返回牵引变电所的负极。但轨道与隧道或道床等结构钢的绝缘电阻并非理想的无穷大，因此会有一部分牵引电流泄漏到轨道道床或隧道等结构钢上，经由大地流回牵引变电所负极，这一部分泄漏电流即为杂散电流。杂散电流的主要危害在于会腐蚀结构钢，引起某些接地设备接地电位升高，引起框架保护误动作等。因此需加装杂散电流防护系统减少或旁引杂散电流。

11. 排流柜

排流柜安装于正线牵引变电所内，排流柜的一端接负极柜内的直流负母排，另一端接隧道结构钢筋、整体道床结构钢筋、牵引变电所地母排。将结构钢筋中的杂散电流单方向经金属回路引回牵引变电所内的负极柜，减少杂散电流对结构钢筋的腐蚀。

12. 单向导通装置

单向导通装置设置在车辆段/停车场进出线与正线间走行轨绝缘节附近（户外）和车库内外钢轨绝缘节处。

单向导通装置通过电缆与绝缘结两端回流轨相连，使回流轨中电流仅单方向流通，以利于杂散电流防护和减少杂散电流影响。其内除设置二极管支路外，还设有隔离开关和消弧装置，隔离开关用于特殊运营方式下，将绝缘结两端回流轨直接电气连接。消弧装置用于车辆再生制动导致单向导通装置附近回流轨电位升高时，该装置电气导通，降低走行轨电位，限制绝缘结两端放电和保证回流轨附近人员的安全。

13. 交直流屏

交直流屏从低压开关柜的低压馈出断路器引进两路交流进线，两路互为备用，通过空气开关馈出几十路 DC 200 V、AC 220 V 的支路，作为变电所内各设备的控制回路、储能回路等的二次电源。

直流系统由交流配电单元、防雷单元、整流单元、蓄电池组、直流母线自动（手动)调压装置、直流馈电单元、绝缘故障监测装置、智能监控单元等组成。交流配电单元、整流单元、蓄电池组、智能监控单元放置于充电柜内,直流母线自动(手动)调压装置、直流馈电单元、绝缘故障监测装置放置于馈电柜内,蓄电池放置于电池柜内。

交流侧由所内交流屏引入一路三相交流 AC 380 V 输入电源。正常供电时,充电单元对蓄电池组进行充电或浮充电,同时为全所的经常性直流负荷提供电源,由蓄电池向冲击负荷供电。交流失电后,由蓄电池向所内全部负荷包括经常性负荷和冲击负荷供电。

14. 电源整合系统

电源整合系统由一套交流电源切换装置、2 套充电装置,2 组蓄电池、馈电开关、直流母线自动(手动)调压装置、一套(4 台)蓄电池巡检装置、一套绝缘监测装置、一套微机监控单元、一套馈电监控单元等组成。整个电源整合系统由两套相对独立的“单电单充”系统构成一个“双电双充”系统,两套单电单充系统互为备用共同担负向负载供电的任务。

直流系统由低压动照专业提供两路独立的三相 AC 380 V 输入电源,两路交流进线电源互为备用,并设置进线电源切换装置。直流系统设置两套充电装置和两组蓄电池并列运行,当一套充电装置和一组蓄电池维护时,另一套充电装置和一组蓄电池能正常给经常性负荷供电,并能保证在事故状态下,满足所有系统后备电源总容量的 60%以上的供电要求。

两路交流进线电源正常供电时,充电装置对蓄电池组进行充电或浮充电,并对经常性负荷提供直流电源。当负荷容量大于充电装置的额定容量,同时蓄电池处于输出电流状态,则开始计时各弱电系统的用电时间,按照不同后备时间顺序切掉负载。

两路交流进线电源全失电时,由蓄电池向各弱电系统提供后备电源,则开始计时各弱电系统的用电时间,按照不同后备时间顺序切掉负载。

馈电开关切掉负载后,如果本系统交流进线恢复正常供电,并且蓄电池电压在正常范围内,微机监控单元向上位机发出合闸请求,得到确认合闸命令后自动合上馈电开关。

如果蓄电池电压达到放电终止电压,则所有馈电开关能自动分闸。

15. 电力监控系统

电力监控系统(Power Supervisory Control And Data Acquisition,PSCADA)完成对全线开闭所、牵引降压混合变电所和降压变电所内的 10 kV/35 kV 开关柜、直流开关柜、400 V 开关柜、牵引变压器、配电变压器、交直流电源屏等供电设备的实时监控管理,指挥供电设施的检修调度及事故情况下的抢修调度工作,保证全线的安全可靠供电。

PSCADA 系统主要完成控制、数据采集处理、显示、报警、调度事物管理以及维修、事故抢修等调度功能。在车站接入综合监控系统，并纳入车控室综合监控控制终端人机界面进行统一控制，控制中心综合监控系统通过自身网络对 PSCADA 系统集中控制。

PSCADA 系统实行中心级、车站级两级管理和中心级、车站级和设备就地级三级控制。除了设备的就地操作以外，根据 PSCADA 系统的特点，中心级和车站级监控的重心有所不同：PSCADA 系统的监控重心在控制中心，车站控制室保留对供电设备的控制功能但重点是监视；对所控设备，中心级和车站控制室级遥控是互斥关系，即中心和车站不可同时对受控设备进行遥控操作。中心级和车站级通过控制权限管理机制实现控制权管理，即在中心级控制方式下，车站级不能对变电所设备进行控制；反之中心级不能对变电所设备进行控制。

二、综合监控系统

综合监控系统（Integrated Supervisory Control System，ISCS）是由多个监控系统高度集成的统一综合系统，实现对各设备系统的集中监控与管理。集成的内容包括：电力监控系统（PSCADA）、环境与设备监控系统（BAS）、火灾报警系统（FAS）、安全门系统（PSD）等。ISCS 采用中心级管理、车站级管理两级管理，中央级控制、车站级控制和现场级控制三级控制的结构。

ISCS 的主要目的是用系统化方法将各分散的自动化系统联结为一个有机的整体，实现轨道交通各专业系统之间的信息互通、资源共享，提高各系统的协调配合能力，高效实现系统间的联动，提高轨道交通全线的整体自动化水平，建立与城市轨道交通指挥中心相联的信息高速通道，从而将单条地铁线路的运营管理纳入到全市的轨道交通运营管理体系。从技术层面上提供切实高效的技术手段，增强应对各种突发事件的应变能力，提高反应速度，增强灾害事故的抵御能力，提高轨道交通的运营管理水平，提高轨道交通服务质量和服务水平，更好地为广大乘客服务，为建设数字化轨道交通打好基础，有利于改进轨道交通资源管理水平，提高经济效益。

三、环境与设备监控系统

环境与设备监控系统在地铁运营中地位重要，英文简写为 EMCS（Engineer Manufacture and Customer Service，EMCS），我国称为 BAS（Building Automatic System）。ISCS 通过网络把各站点 BAS 集成，ISCS 与各站点内相对独立的 BAS 共同构成全线完整的 BAS。BAS 负责全线正常、阻塞、火灾工况下的机电设备，如通风空调系统、冷水系统、给排水系统、照明系统、扶梯系统（自动扶梯、电梯）等的运行状态监视和控制管理，进行程序自动、实时、定时、现场就地监视设备运行状态,控制开启和关停,检测环境参数,调控环境舒适度及节能管理,采集、处理有关信息,进行历史资料档案和设备维修管理,确保设备处于安全、可靠、高效、节能的最佳运行状态,从而提供一个舒适的乘车环境,并能在列车阻塞事故状态下,更好地协调车站设备的运行,充分发挥各种设备有的作用,保证乘客的安全和设备的正常运行。

BAS实行中心级、车站级两级管理,实行中心级、综合监控系统车站级、BAS系统维护工作站级、就地级多级控制方式。中心级主要负责全线BAS的日常调度、控制模式、运行统计等工作,车站级主要负责本站机电设备的单点控制、执行中心级模式控制、编辑临时时间表控制、显示各种工作状态与报警。车站级不设专职BAS操作员,而由车站值班员兼任。

四、火灾探测与自动报警系统

火灾探测与自动报警系统,简称火灾报警系统(Fire Alarm System,FAS),可在正常或脱离任何其他系统时独立正常工作,完成监视现场设备、探测火灾隐情、防灾灭火功能。FAS系统对于有效减少火灾损失、保障人员安全、维护地铁正常运行有着重要的安保作用。

FAS系统由火灾报警装置、消防控制设备及其他辅助设备组成,实行两级管理、三级控制的结构。

五、门禁系统

门禁系统是对重要通道进行管理。门控系统可以控制人员的出入,还可以控制人员在楼内及敏感区域的行为。在楼门口、电梯等重要场所安装控制装置,例如:读卡器、指纹读取器、密码键盘等,进入必须持有有效卡或正确输入密码,或按专用手指方可获准通过。门禁系统可有效管理门的开启与关闭,保证授权人员自由出入,限制未授权人员进入,提高管理水平,同时规范化内部的管理体制。

六、信号系统

在城市轨道交通系统中,信号系统是一个集行车指挥和列车运行控制为一体的系统,它直接关系到城市轨道交通系统的运营安全、运营效率及服务质量。它保证乘客和列车的安全,实现列车快速、高密度、有序运行的功能。

地铁信号系统的核心是列车自动控制(Automatic Train Control,ATC)系统。它由计算机联锁子系统(CI)、列车自动防护(Automatic Train Protection,ATP)子系统、列车自动驾驶(Automatic Train Operation,ATO)子系统、列车自动监控(Automatic Train Supervision,ATS)子系统、维护支持(MSS)子系统和数据通信(DCS)子系统构成。各子系统之间相互渗透,实现地面控制与车上控制相结合、现地控制与中央控制相结合，构成一个以安全设备为基础，集行车指挥、运行调度以及列车驾驶自动化等功能为一体的自动控制系统，是现代城市轨道交通核心控制技术之一。

1. 列车自动监控子系统（ATS）

列车自动监控子系统（ATS），将路线中各列车及各车站作业予以整合，对列车运转可评估绩效，达到列车的高效率运作。例如当有两个列次行驶在同一区间时 ATS 启动，使第二列次在前一个号志的区间内临时停车等待已在区间内的列次离开后抵达下一个号志的区间。倘若列车未依照号志机指示运行时，经过地上感应器，车上受信器启动列车刹车系统，使列车刹车停止。

ATS 子系统由控制中心设备和分散在全线设备集中站、非设备集中站、停车场及车辆段的设备，通过 ATS 主干网连接构成，见图 1-1。

为了提高整个系统的可靠性，ATS 子系统的关键设备和网络均采用冗余配置。

2. ATP/ATO 子系统

ATP 子系统是保障行车安全、实现列车运行自动防护的关键设备，严格遵循故障-安全原则。在 CBTC 技术方案里，ATP 子系统分为连续式 ATP 子系统和点式 ATP 子系统。

连续式 ATP 子系统的车-地连续双向通信是通过基于中继接力工作方式的安全可靠的无线传输网络来实现的，沿线布置的无线电台（WRS）之间无须再铺设光缆，从而降低设备费用和施工成本，便于维护和方便系统升级。

ATP/ATO 地面逻辑部分别将列车的在线位置计算结果、前方列车的位置、进路的开通状态、地面数据库线路运行条件、到目标停车位置的距离信息和限速信息传输到车载设备。ATP 车载设备根据接收到的这些信息生成到目标停车位置的制动曲线，保障列车的行车安全。

如果连续式 ATP 系统功能丧失无法正常使用，系统将使用点式 ATP 系统作为后备模式。点式 ATP 系统是通过安装在地面信号机外侧的有源应答器将目标停车点的距离信息传送至车载设备，车载设备根据该信息生成到目标停车点的制动曲线，从而保证列车的行车安全。

连续式 ATP 与点式 ATP 系统共用同一车载设备，可通过车载模式开关切换使用。

ATP 系统结构如图 1-2 所示。

3. 计算机联锁子系统（CI）

计算机联锁子系统，将路线上所有信号机、计轴、转撤器等地面设备连接至中央控制室，由操作员统一操作监控。控制室内设一地图板，将整个轨道系统显示其上，并标示分道岔的位置及其信号机显示情形，另以小灯泡标示列车移动位置，如此操作员对于路线行车状况可以一目了然。

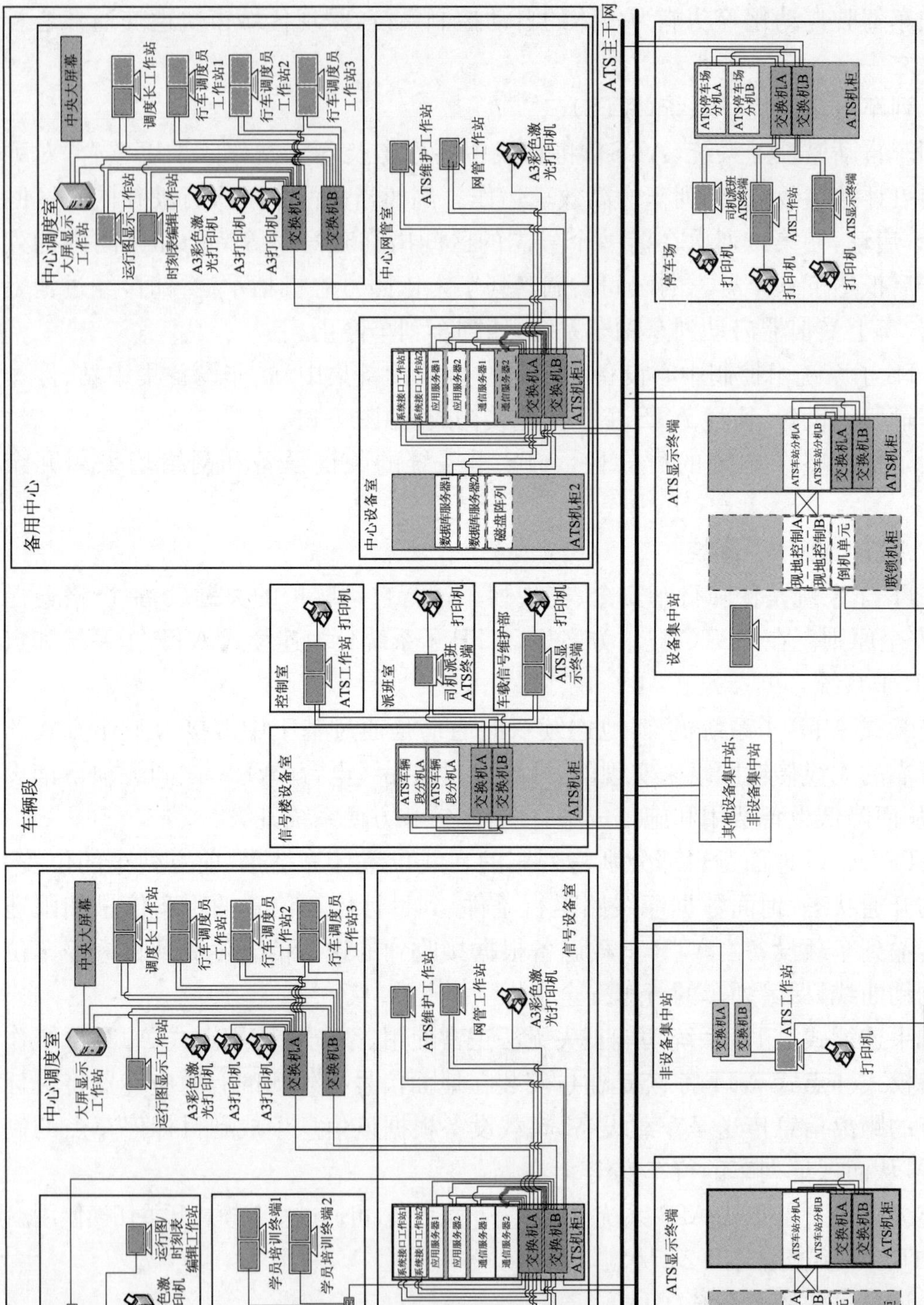

图 1-1 ATS 系统结构示意图

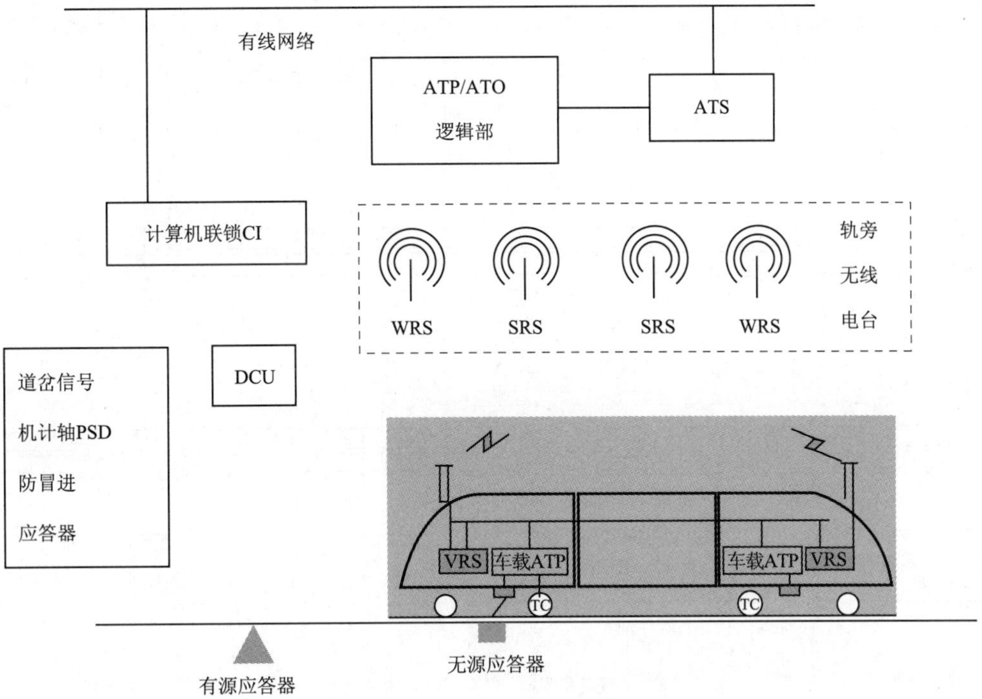

图 1-2 ATP 系统结构图

联锁(CI)子系统组成结构见图 1-3。

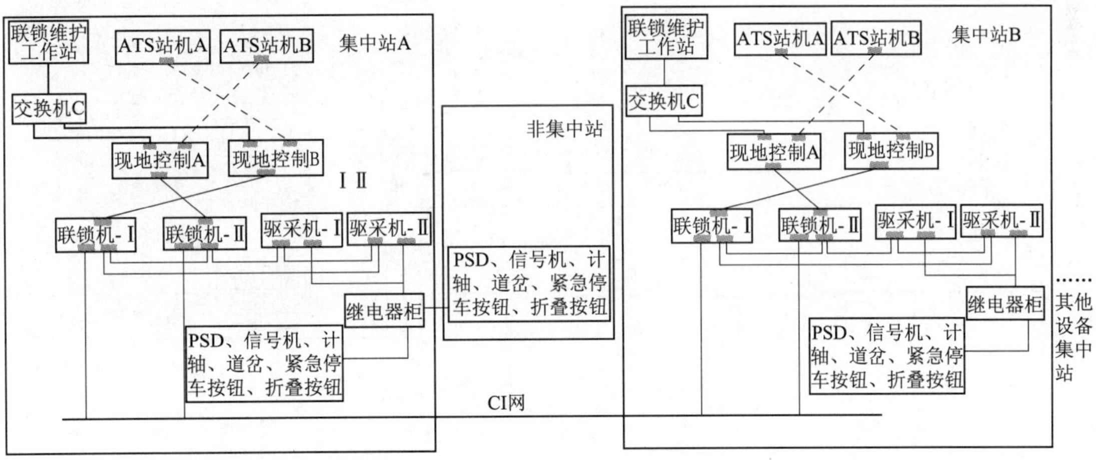

图 1-3 联锁(CI)子系统组成结构图

4. 数据传输子系统(DCS)

数据通信子系统(Data Communication Subsystem,DCS)分为有线通信和无线通信两部分,有线通信主要包括 ATS 网、联锁网、监测网以及车载网络,无线通信主要指车地通信网。其组成框图见图 1-4。

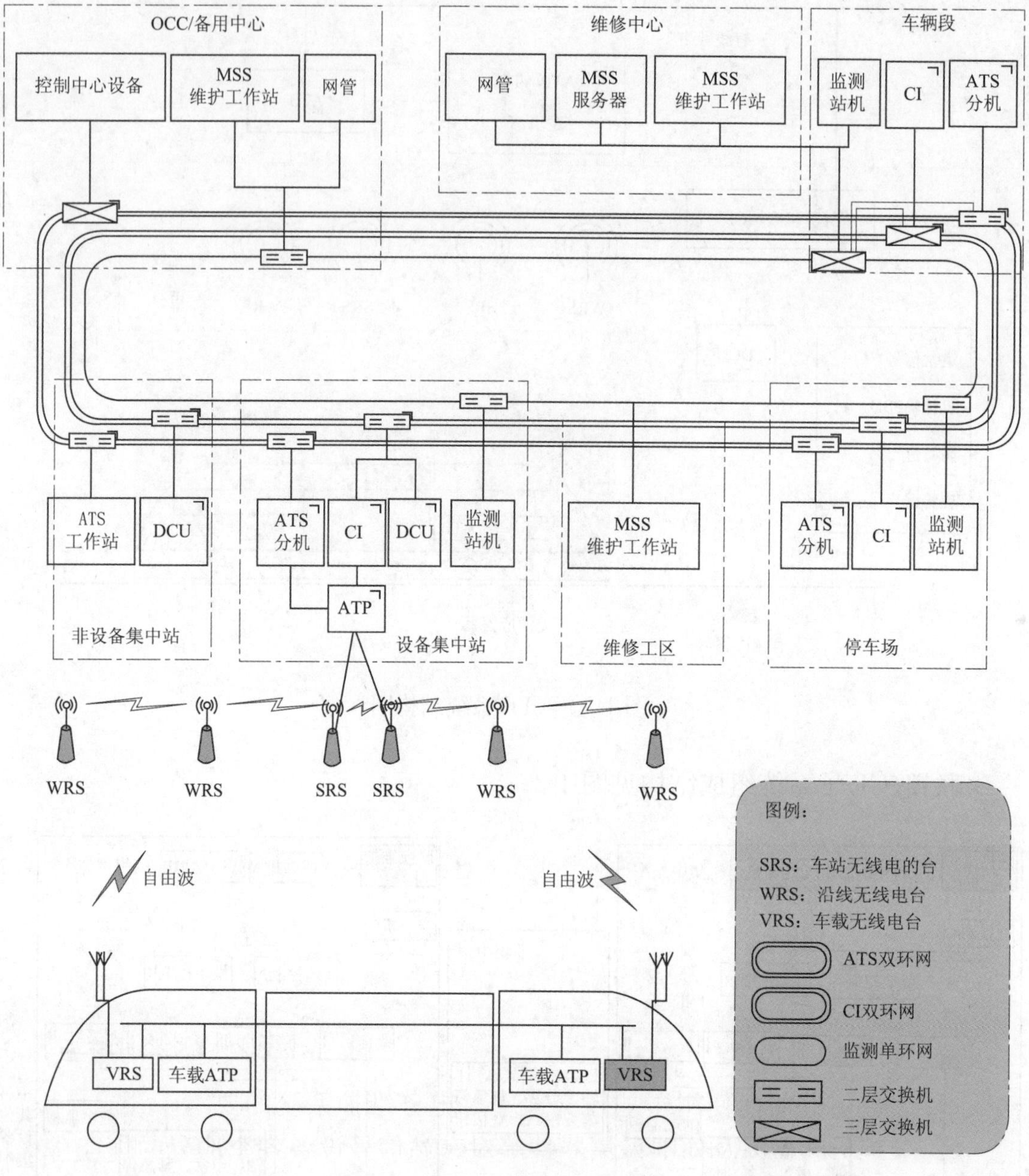

图 1-4　DCS 子系统组成框图

其中：

ATS 网和 CI 网为独立的光纤双环网，监测网为独立的单环光纤网；

地面 ATP/ATO 设备之间通过无线方式进行通信；

光纤环网均为 100M 快速以太网；

地面 ATP 设备与车站无线电台（SRS，Station Radio Set）之间通过串口线（RS422）相连，地面与车载的通信通过 SRS/WRS/VRS 中转实现，因此沿线所有的 WRS 都不需要通过有线的方式接入到地面设备。

5. 维护支持子系统(MSS)

为达到就地监测远程报警的功能,同时为达到方便用户使用和管理的目的,以北京某条已运营地铁线路为例,整个信号维修支持系统的组成结构如图 1-5 所示。

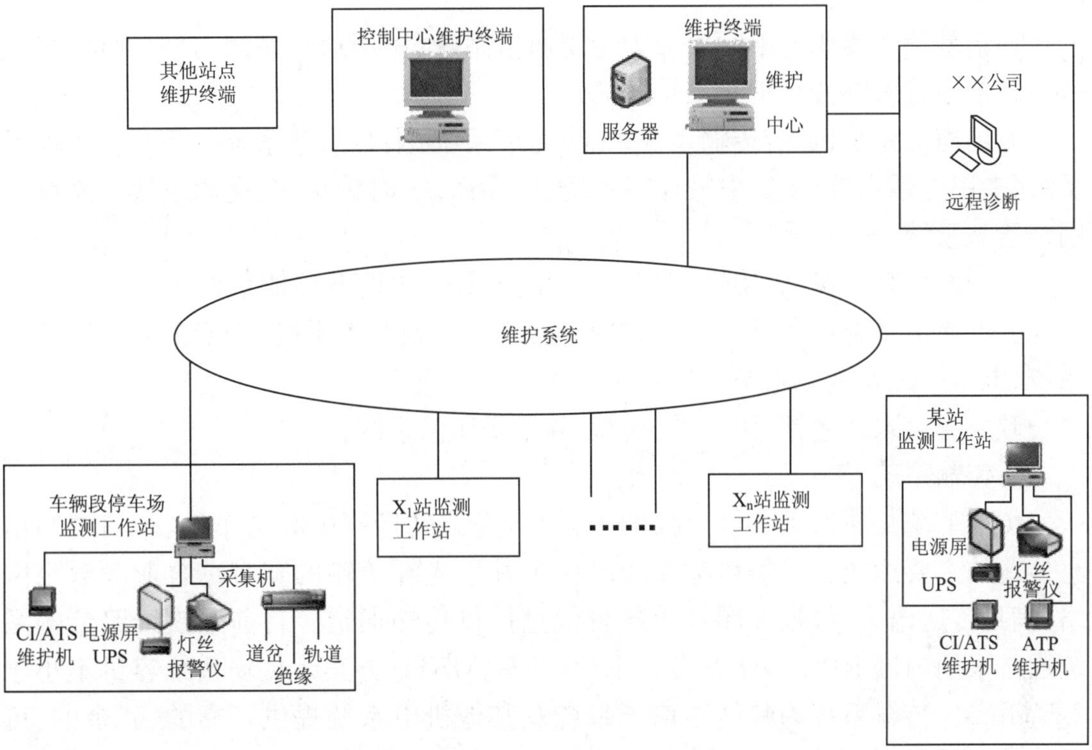

图 1-5　维护支持子系统

整个系统由监测工作站、维护终端、服务器、远程诊断系统、维护网络五大部分组成。维护系统综合应用现代网络通信技术、现代信息技术和计算机技术进行开发,使之更加方便地使用于地铁交通中对电务维护系统的要求。其主要原理是:通过各种传感器以及外围采集器件等对车站信号设备各个部分的性能、电气参数、动作状态、工作情况以及操作员操作等过程进行实时不间断的测量、记录、打印,通过网络传送到维修中心服务器和各终端,实现远程监测的功能。

站级维护系统由监测工作站和采集机组成,其中工作站实现集中管理,采集机实现集中管理下的分散采集信息。车站系统按不同站场规模配置采集机数量(本工程中仅在车辆段/停车场调协采集机),根据功能要求配置各种类型的采集机。采集机与工作站使用 CAN 现场总线,这种方式不仅连接简捷,而且由于采用多项纠错措施,误码率可达 10^{-13},通信可靠。另外,由于采用非破坏性总线仲裁技术和短帧结构,使得通信的实时性好,效率高。系统在软件和硬件上均采用看门狗,自校核及自启动恢复技术,提高系统的稳定性。

七、通信系统

为了实现列车的行车调度自动化和运行自动化，实现列车的集中统一指挥，城市轨道交通系统配备了安全、独立、可靠的通信系统，为各设备系统间的信息传输提供通道。

通信系统按照职能不同可分为专用通信系统、民用通信系统、公安通信系统、政务通信系统及办公自动化系统(OA)。

专用通信系统包括：传输系统、无线通信系统、乘客信息系统(PIS)、公务电话系统、专用电话系统、闭路电视监视系统、广播系统、时钟系统、电源及接地系统及网络管理系统。

民用通信系统包括：传输系统、无线覆盖系统、电源及接地系统。

公安通信系统包括：计算机网络系统、公安视频监控系统、公安消防无线通信系统、电源分配及接地系统。

政务通信系统包括：传输系统和政务无线通信系统。

1. 传输系统

传输系统是通信系统最重要的子系统，是调度指挥中心与车站、车站之间信息传输的主要途径。通信传输系统是一个基于光纤传输的宽带综合业务数字网络，满足传送语音、数据和图像等各种信息提供传输通道。目前地铁线路传输系统通常采用内嵌 RPR 多业务传送平台(简称 MSTP 方案)，传输系统容量不小于 2.5 Gbps。传输系统为其他通信子系统及其他机电系统提供可靠的、冗余的、可重构的、灵活的信道，保证轨道交通运行所需的信息传输。传输系统在控制中心、各车站、车辆段、停车场设置相应的网络节点，通过光缆线路进行邻站相连，构成具有容错的双向自愈环网。

2. 无线通信系统

无线通信系统采用 TETRA 制式的数字集群通信系统，为固定用户(控制中心、车辆段调度员、车站值班员等)和移动用户(列车司机、防灾人员、维修人员)之间的语音和数据信息交换提供可靠的通信手段，为行车安全、提高运输效率和管理水平、改善服务质量提供重要保证。同时，在地铁运营出现异常情况和有线通信出现故障时，亦能迅速提供防灾救援和事故处理等指挥所需要的通信手段。

3. 公务电话系统

公务电话系统能允许或限制内部呼叫及出入局呼叫，能对市话局的自动呼入、呼出，国内、国际长途人工、自动呼入及呼出，能将特种业务(如 119、110 等)呼叫自动转移至市话局相应业务上。对全线用户进行网内、网外、国内、国际长途各种业务，进行分类按时间分段实时计费，具有定期和脱机计费功能。中文图形化人机界面，良好的安全保护系统，系统软件参数的设置简单方便。

4.专用电话系统

专用电话系统操作台/交换设备有通话排队功能，当使用时，可容许至少8个来电排队。每个排队的电话能显示来电者，使用者并可随意选取接通任何排队中的电话。系统设备包括：专用电话中心交换机、专用电话车站交换机、录音系统和网管系统、调度操作台、值班操作台、专用电话分机（包括调度电话分机和站内直通电话）、轨旁电话盒、紧急电话等配套设备。

5.闭路电视监视系统

闭路电视监视系统（CCTV）能够为控制中心的调度员、各车站值班员、列车司机等提供有关列车运行方面的视觉信息。系统由中心监视和车站现场监视两大部分构成。采用中心远程监控和车站本地监控方式，组成完整的两级监视网络。中心不同调度员对同一幅图像的调用应不重复占用传输带宽。

6.广播系统

广播系统（PA）按使用用户划分为行车广播和防灾广播，由控制中心广播、车站广播和车辆段广播构成。其主要作用是：中心调度员、车站值班员及站台值班员向进站乘客进行公众语音广播，通告地铁列车运行及安全、向导等服务信息，向工作人员发布作业通知。当车站或车辆段、停车场库内发生火灾等灾难时，广播系统可以兼做消防广播。

7.时钟系统

中心一级母钟设备接收TCC定时信号或GPS标准时间信号进行自动校时，保持同步。同时产生精确的时间信息，通过传输通道向各车站、车辆段、停车场的二级母钟传送，统一校准二级母钟。

二级母钟系统接收中心母钟发出的标准时间信号，与中心母钟随时保持同步，并产生输出时间驱动信号，用于驱动本站所有的子钟，并能向中心设备回馈车站子系统的工作信息。二级母钟在传输通道中断的情况下，应保证独立正常工作。

8.电源及接地系统

电源系统由UPS设备、监控设备、切换及配电设备三部分组成。在分支节点通信电源系统由UPS设备、高频开关电源、监控设备、切换及配电设备、蓄电池组五部分组成。电源系统对通信系统独立、不间断供电，以保证通信正常。

电源监控系统网管设备设于控制中心通信网管中心，用于管理电源系统，即可实时监测各节点的电源设备的工作状态，控制中心、车站、区间变电所电源设备故障时可实时将告警信号发送到控制中心。

八、自动售检票系统

自动售检票系统（Automatic Fare Collection，AFC）主要负责票务的自动化管理，可以精确记录乘客乘车的起止站点，实时掌握客流分布情况，为地铁运营组织提供数据。

轨道交通 AFC 系统采用三级组网、四层架构。第一层 ACC 系统是联网收费系统的清算管理中心。第二层 LC 系统是所辖线路的控制和管理中心。第三层 SC 系统管理和监控车站终端设备。第四层车站终端设备是直接服务于乘客的部分，执行系统指令，完成各种交易，生成各种交易数据。网络结构见图 1-6。

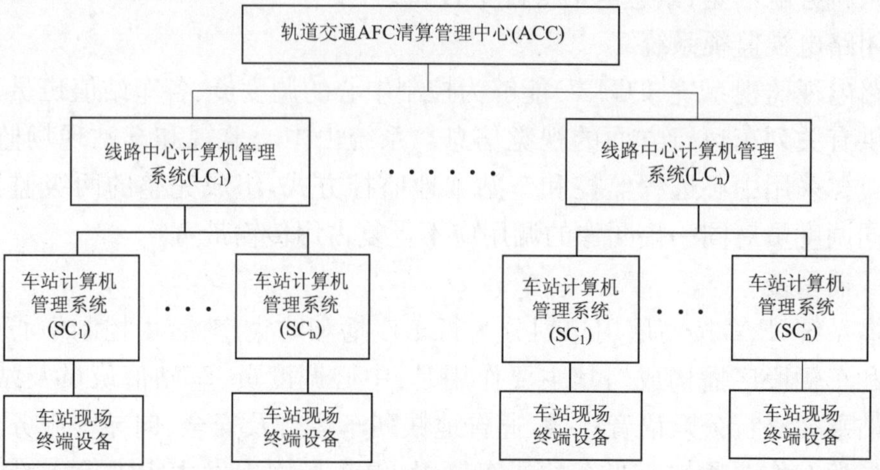

图 1-6　AFC 系统总体网络构架图

轨道交通 AFC 系统采用 ACC、LC、SC 三级组网，四层架构。AFC 系统主要由计算机系统、车站现场终端设备、网络传输设备、配电设备、车票、运营辅助设备等组成。系统经由本线路通信传输网连接构成统一的 AFC 系统网络。

1. 线路中央计算机系统（LC）

LC 为本线路 AFC 系统的核心部分，实现对系统运营、票务、收益、维修的集中监控和管理功能。接受 ACC 系统参数及指令，实现所监控线路 AFC 系统的运营管理，并根据协议上传相关数据；与 ACC 对账；实现所辖线路票务管理及设备管理。当通信故障等必须由线路独立运行时，LC 独立管理所辖线路 AFC 系统运行。LC 可收集、处理系统内各类数据，制定、维护系统各类参数，接收、下达系统各类指令，同时应为系统提供高度的安全机制和严格的操作规程，并通过 ACC 实现本线路与轨道交通网络其他线路以及市政交通一卡通之间的结算。

2. 票务中心系统

轨道交通 AFC 票务管理系统的功能包括对轨道交通专用票及储值票的管理，也包括对一卡通储值票的管理。

在网络化运营的条件下，本线路票务中心将接受 ACC 票务总中心的指令，接收票务总中心调配的车票并按照要求完成本线路车票二次发行及个人化处理等工作。在线路中心独立运营的条件下，本线票务中心将临时代理 ACC 票务总中心的职能，完成本线路车票安全密钥体系的制定，生成 SAM 卡，并完成从车票的采购、初始化、个人化、车票发行和回收、车票调配等涉及车票整个生命周期的管理及相关流程管理、数据审核、黑名单管理、库存管理、车票跟踪、分析统计、查询等多方面内容。同时也涉及运营管理、乘客操作与使用、对车票遗失、流失等的管理，以及对专用硬件设备(自动编码分拣设备、个人化设备、车票清洗设备等)的管理。

同时作为一卡通车票在 LC 系统的有关业务的代理，负责处理一卡通车票在 LC 系统的发售、充值、交易等有关工作。

以北京某条以运营线路为例，票务管理体系结构如图 1-7 所示。

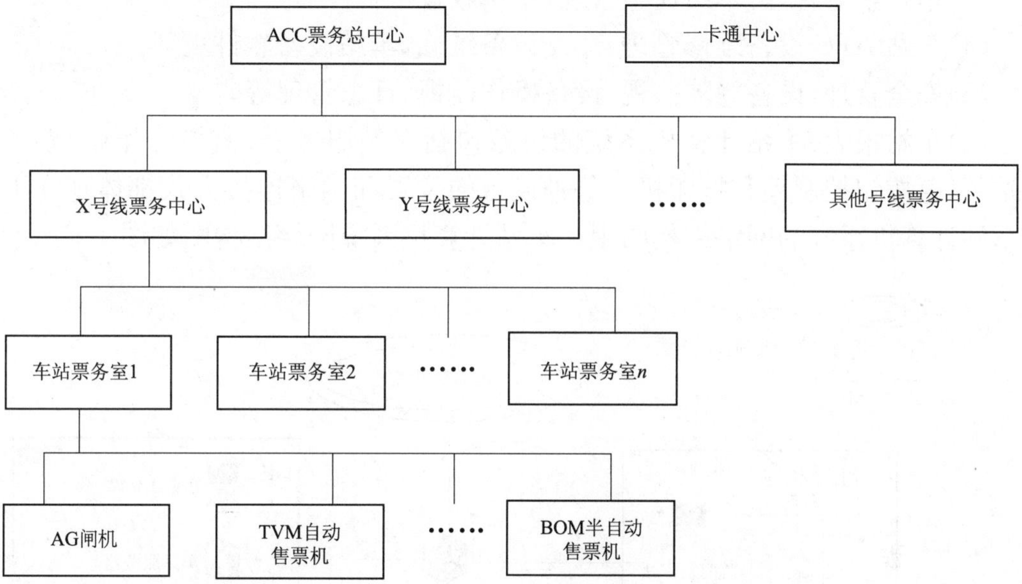

图 1-7 票务管理体系结构

3. 车站计算机系统 (SC)

SC 为车站 AFC 系统的核心部分，可对本车站内部的所有设备进行实时监控，实现对车站 AFC 系统运营、票务、收益及维修的集中管理功能。SC 可收集、处理车站内各类数据，并上传到 LC；接收 LC 下传的各类系统参数，并下载到车站各车站设备；可接收 LC 下达系统各类指令，并下传到各车站设备，同时可根据需要自行向车站设备下达控制指令，并将该操作记录上传到 LC。

SC 设备主要包括：

(1)车站服务器：设置于车站 AFC 主机设备室的机柜内，为无人职守。

(2)监控工作站：设置于车站控制室内，是 SC 的运营、维修管理终端。

(3)票务工作站：设置于车站票务室内，是 SC 的票务、收益管理终端。

(4)紧急按钮控制箱：设置于 AFC 设备室内，是自动检票机与 IBP 盘紧急按钮(ISCS 提供)、IBP 盘指示灯(ISCS 提供)、FAS 紧急按钮、FAS 指示灯之间的接口设备。

(5)打印机:分别设置于车站控制室和车站票务室内。

SC设备可适应车站内独特的环境要求,如超常温度范围、超常湿度范围、超常振动/抖动、超常瞬时电压/电流、超常尘埃、超常电磁干扰与电子干扰。

SC功能主要包括:

(1)车站运营管理:设备运行状态监视,设备运行模式控制,客流监视,运营数据采集和存储,数据上传,车站设备参数管理,操作权限设置等。

(2)车站票务管理:车票库存管理,车站车票调配,车票动态监控。

(3)车站收益管理:车站现金管理,车站收益审核。

(4)车站AFC设备维修管理:车站设备维修,车站设备软件更新。

(5)安全管理:设备登陆监视、设备操作监视、日志管理等。

(6)车站报表:车站计算机系统的设备包括车站服务器、监控工作站、票务工作站、紧急按钮控制箱和打印机。每种设备的位置和网络连接方式都体现在下面的车站计算机系统的网络结构图中。车站计算机系统网络结构图如图1-8所示。

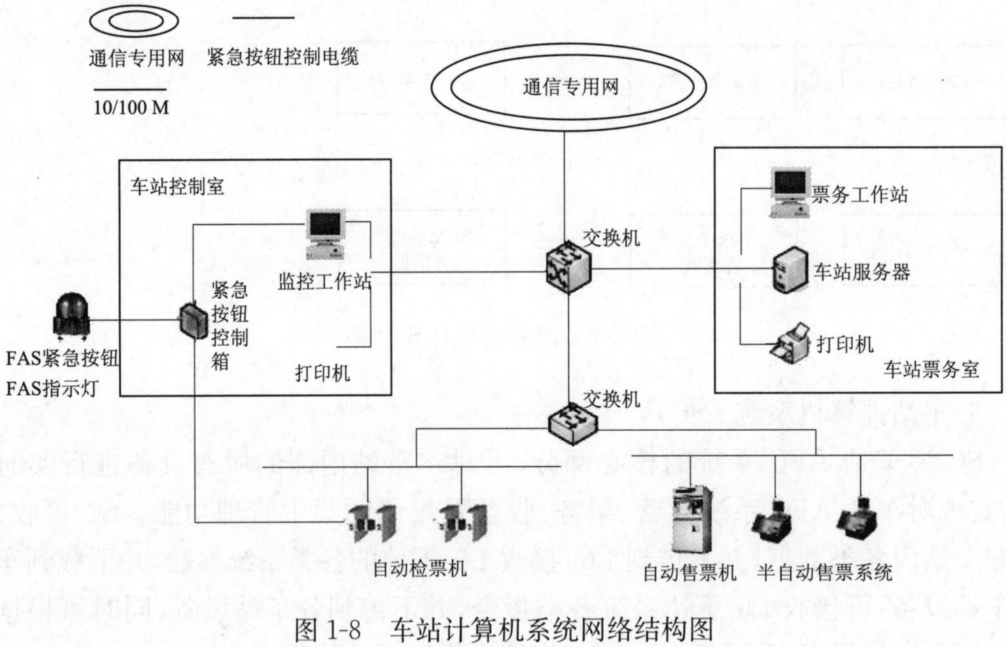

图1-8　车站计算机系统网络结构图

4. 车站终端设备

车站设置售检票、补票充值及查询类终端设备,包括自动售票机、自动检票机、半自动售检票机、查询机等。终端设备的功能主要有:完成售检票操作及乘客信息提示;记录并上传乘客乘车信息;设备故障自诊断等。

九、安全门(屏蔽门)系统

安全门系统(Platform Screen Door,PSD)分为地下站安全门和高架站安全门，包括全高安全门和半高安全门。安全门系统包括门体结构、门机系统、电源系统、控制系统四部分。安全门的设置达到了保证乘客安全，防止乘客跌落轨道发生危险的目的，同时将车站空调系统的能量集中在了站台范围内而不会进入隧道部分，实现了车站的节能环保。

在运营过程中，安全门系统与信号系统联锁，当列车到达后，列车发出到站开门信号，安全门打开。开车前，列车发出关门信号，安全门关闭。在综合监控界面上，显示安全门各门体的实时状态，并在 IBP 盘上设置紧急开关门按钮，保证特殊情况下安全门能够紧急打开和关闭。

十、疏散平台

为了乘客在地铁列车遇到恐怖袭击、输电系统故障、输电电缆故障、发生火灾等事故时能迅速、有序地从区间隧道内尽快疏散，消除或减少因疏散通道不通畅造成的伤亡，在区间隧道侧壁上安装了通达车站的疏散平台，该平台安装高度与车站站台高度一致，一旦发生事故，可以立即开启车门组织旅客从疏散平台疏散到就近的车站。

人行平台设置在行车方向的左侧。本结构主要由钢梁、无机复合盖板、扶手、电缆支架等钢构件组成，为悬臂支承结构。典型圆形断面如图 1-9 所示。

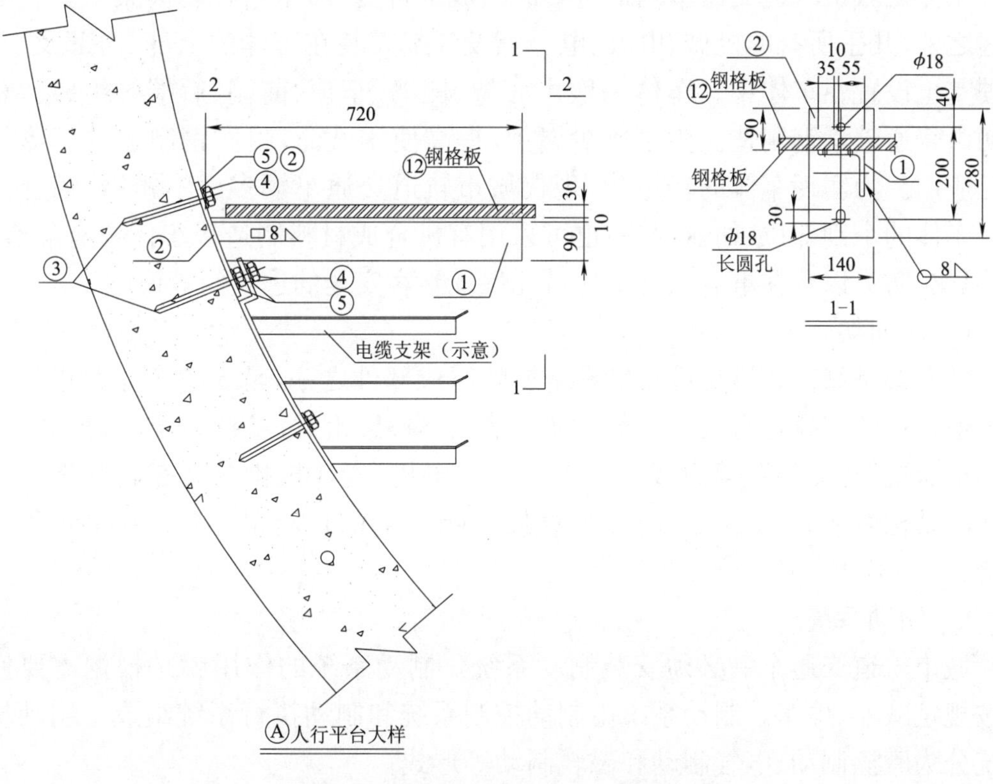

图 1-9　典型圆形断面人行平台构造图（单位：mm）

十一、车辆系统

1. 车辆的特点

车辆是轨道交通系统中完成乘客运输任务的直接工具，它具有以下特点：

(1)载客能力强。大型地铁车辆可达 350 人/辆。

(2)动力性能好。速度快、加速能力强、制动效果好。

(3)安全可靠性强。设备先进，故障率低，稳定性可靠性强，突发情况下适应性强。

(4)环境条件好。照明、空调、坐椅、扶手等。

(5)灵活的牵引特征。根据不同的线路特征，可采用不同的牵引方式，即动力集中牵引和动力分散牵引。

(6)节能环保。车辆牵引动力常用电力牵引。

2. 城市轨道交通车辆的基本组成

城市轨道交通车辆尽管形式不同，均可由车体、转向架、制动装置、风源系统、电气传动控制、辅助电源、通风、采暖及空调、内装及设备、车辆连接装置、受流装置、照明、自控、监控系统等组成。

(1)车体

车体是城市轨道交通车辆最重要的组成部件之一，坐落在转向架上。它除了载客之外，几乎所有的机械、电气、电子等设备都安装在车体的上部、内部及下部，驾驶室也设置在车体中。车体一般由底架、侧墙、车顶、前端、后端等组成。车体最初由普通碳素钢制造。为了减少腐蚀，提高使用寿命，耐候钢制造的车体得到广泛应用。为实现车体的轻量化，现代城市轨道交通车辆多由不锈钢、铝合金制造。车体的个别部位(如前端等)也可采用有机合成材料制造。车体要有隔音、减振、隔热、防火以及在事故状态下尽可能保证乘客安全的逃生门等设施。

(2)转向架

转向架是城市轨道交通车辆最重要的组成部件之一，是支撑车体并担负车辆沿轨道走行的支撑走行装置。转向架一般由构架、轮对、悬挂系统、减振装置、基础制动装置、传动装置等组成。动车的牵引电机、变速机构等装在转向架上。转向架的结构及各部参数是否合理，直接影响车辆的运行品质、动力性能和行车安全。

(3)制动系统

城市轨道交通车辆必须安装制动系统。制动系统的作用就是根据需要使车辆按规定减速、停车。制动系统由制动控制系统和制动执行系统组成。制动执行系统分为摩擦制动、电气制动和磁轨制动等形式。

摩擦制动又称机械制动，分为闸瓦制动和盘型制动。闸瓦制动又称为踏面制动，它是由闸瓦压紧车轮的踏面产生阻力实现制动。盘型制动就是在车轴上安装制动盘，闸片夹紧制动盘产生阻力实现制动。

电气制动分为能耗制动和再生制动。能耗制动也称电阻制动，它是将列车的动能经牵引电机及控制转换为电能消耗在电阻上。再生制动就是将列车的动能经牵引电机及控制转换为电能反馈到供电线路上。电气制动须与机械制动相配合。

(4)风源系统

城市轨道交通车辆的转向架上的空气弹簧、机械制动、门的开闭等都需要压缩空气，所以必须有风源系统。风源系统一般由电动空气压缩机，除油、除湿装置，散热装置，压力控制装置，管路等组成。

(5)电气传动控制系统

电气传动控制系统由电气控制系统及电气执行系统组成。电气传动控制由控制信号发生，控制信号传输的电子器件及控制电器组成。电气控制执行系统由牵引电动机组成。

电气传动控制系统分为直流控制系统和交流控制系统。所谓直流控制系统就是采用直流牵引电动机的控制系统。所谓交流控制系统就是采用交流电动机的控制系统。

直流控制系统分为凸轮调阻控制、斩波调阻控制及斩波调压控制。凸轮调阻控制就是在牵引和电阻制动时，由凸轮控制电器结点的开闭，实现制动电阻的变换和串并联转换来调节直流牵引电动机的电压及电流。凸轮调阻控制技术已经趋于淘汰。斩波调阻控制就是用斩波器调节电阻值控制直流牵引电动机的电压及电流的控制方式。斩波调压控制就是用斩波器直接调节牵引电动机的电压及电流。

交流控制系统分为异步电动机和直线电机控制两种。异步电动机控制就是用调压调频装置控制异步电动机电压及频率，实现牵引和电气制动。直线电机与以上不同的是不采用旋转的异步电动机，而采用平面的交流电动机即直线电机的控制。

(6)辅助电源

城市轨道交通车辆上的直流、交流，如照明、通风、空调、控制等用电均由辅助电源供给。辅助电源早期为电动发电机组，现多采用逆变电源。电动发电机组就是将供电线路的直流电源经过电动发动机组变成三相交流电源，供交流用电使用，经过整流装置供直流电源使用。逆变电源就是将供电线路的直流电源经过逆变器控制变成三相交流电源，供交流电源使用，经整流装置供直流电源使用。

(7)通风、采暖及空调

城市轨道交通车辆因乘客拥挤、空气污浊，必须设有通风装置，一般采用机械通风。在地面高架并运行在较冷地区的车辆，设有电热器，一般由供电线路直接供电。为改善乘客的舒适度，现代城市轨道交通车辆一般设有空调装置。

(8)内装及设备

内部装饰及设备是城市轨道交通车辆必不可少的。其要求是美观、舒适、实用、隔音、减振、坚固、防火。内部装饰包括客室内部的墙板、顶板、地板及司机室布置等。设备包括车窗、车门及机构、坐椅、扶手、吊环、擎天柱及乘客信息装置等。

(9)车辆连接装置

城市轨道车辆多辆编组，车辆之间设有连接装置。连接装置由车钩、缓冲器、电气连接及风挡、渡板两部分组成。车钩及缓冲器的作用是连接车辆及减少车辆间的纵向冲撞。为便于相邻车辆间乘客的流动，调节客室的疏密，现代车辆之间采用全贯通式，故设有风挡及渡板。

(10)受流装置

受流装置就是接受供电的装置。一般城市轨道交通车辆采用直流供电分750 V和1 500 V两种。直流750 V供电一般采用接触轨供电，在车辆的转向架上装有受流器。接触方式分为上部受流和下部受流。上部受流就是受流器的滑块与接触轨上部接触滑行。下部受流就是受流器滑块与接触轨轨的下部接触。直流1 500 V供电一般采用架空线接触网式供电。

(11)照明

城市轨道交通车辆的照明由前照灯司机室照明及客室照明组成。前照灯要能照射足够的距离，以保证行车安全。

(12)自控、监控系统

现代城市轨道交通车辆设有自控、监控系统。自控系统就是将城轨行车指挥信息传输至车辆上的接收装置，不但得到行车信号的显示功能，更主要的是得到限速、加速、保持行车间隔的安全作用，可实现无人驾驶。监控系统就是将列车及车辆的运行状态、主要机电设备的工作状态进行显示及存储。主要用途是保证行车安全及故障分析。

第二章　动车调试篇

第一节　动车调试管理与服务

一、动车调试标准化作业总体流程

动车调试标准化作业总体流程见图 2-1。

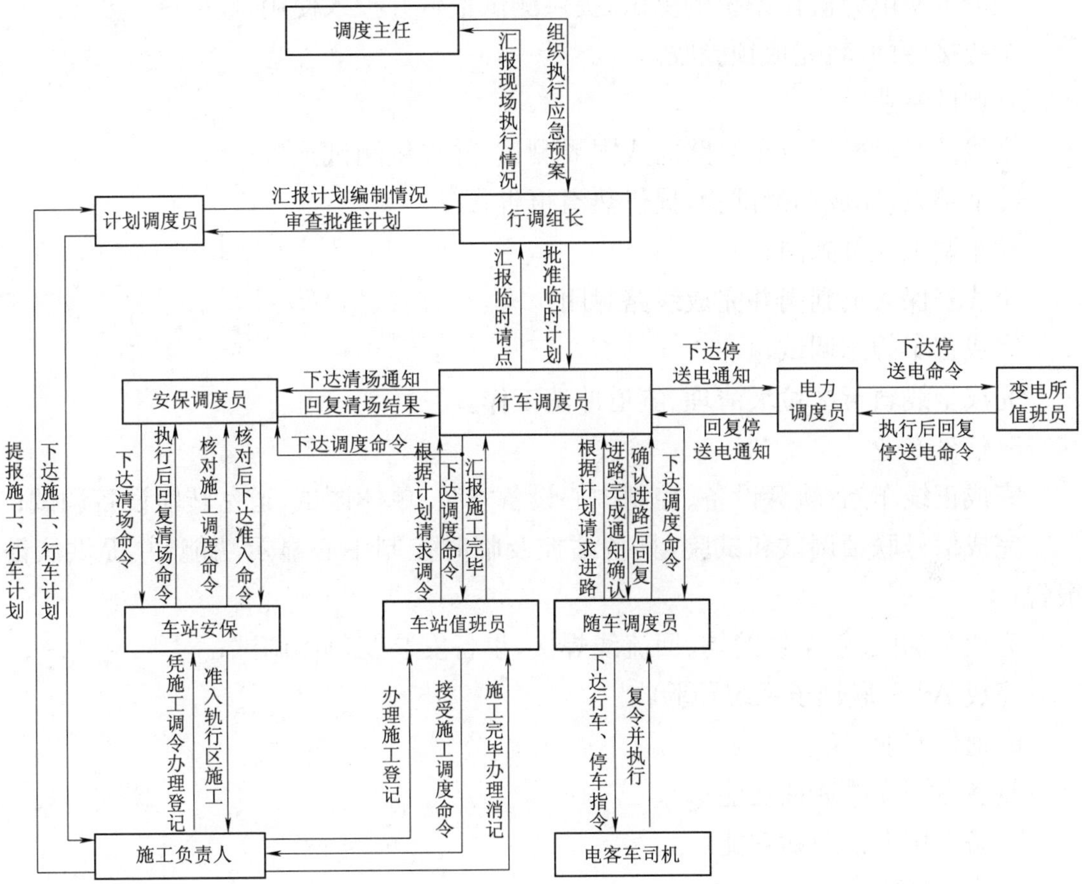

图 2-1　动车调试标准化流程图

二、动车调试前置条件

1. 土建专业

车站主体结构及区间完成施工，并通过竣工预验收；

综控室具备使用条件；

车辆段列检库、检修库、信号楼，控制中心投入使用；

车站安全门端门外装修工作基本完成。

2. 轨道专业

完成长轨锁定，道岔完成工电联检，完成与信号等相关专业的调试并完成验收。

3. 供电专业

供电设备及电缆全部安装敷设完毕；

供电设备调试完成并完成受、送电，试验报告基本齐全，通过预验收；

牵引供电系统具备构成双边供电和大双边供电方式的能力和条件；

完成本所电力监控系统的测试，提供测试报告并投入使用；

全线接触网/轨完成预验收。

4. 调试专业

全线及车辆段等行车线路完成限界测量，并提供测试报告；

冷滑结束，完成热滑试验，提供热滑报告；

动车调试人员到岗；

全线安保人员到岗并完成线路封闭；

完成首车静态调试；

完成全线轨行区垃圾清理、隧道冲洗工作。

5. 信号专业

完成正线车站、轨旁设备、控制中心设备安装、单体调试，道岔转辙设备调试；

完成信号联锁调试和试验，具备站控及临时控制中心显示功能，并提供认证报告；

完成车辆段/停车场的均、回流线焊接，设备安装及单体调试；

完成 ATS、联锁子系统预验收。

6. 通信专业

具备专用无线通话功能；

具备专用电话通话功能。

7. 火灾报警专业

隧道内光纤、电缆敷设完成，设备安装完毕。

8. 机电专业(风水电)

隧道内线缆敷设完成，设备安装完毕；

车站轨行区上方、侧方设备安装完成或孔洞完成封堵，不危及行车安全；

区间照明设备启用。

9. 安全门专业

安全门门体安装完成。

三、行车调度管理办法

1. 行车调度人员标准

从事行车调度工作的人员应具备下列基本条件：

(1)爱岗敬业，遵章守纪，文明礼貌，团结协作，有严肃认真的工作态度。

(2)熟知行车业务及与行车有关的专业知识。

(3)熟练掌握并运用《技规》、《行调办法》及其他相关行车规章制度。

(4)熟练掌握动车调试室内各种行车设备的性能和特点，并能熟练使用。

(5)掌握系统调试时间安排方案、信号显示等知识，了解与行车相关的其他专业知识。

(6)具备正确发布调度命令和妥善处置运转中发生的一般性问题的能力。

2. 工作制度

安全保卫制度：

1)非本室工作人员因工作需要进入本室，须登记备案。

2)来本室参观、学习的外部人员，须地铁建设单位、监理单位或施工单位人员陪同并履行登记手续。

3)不得将易燃、易爆、有毒等危险品带入室内，不得在室内会客、留宿、寄存物品。

4)严格执行保密制度，不乱说、乱问，未经许可不得私自接待采访。

5)防止各种火灾隐患，熟知消防器材的使用，发现火情及时报警并采取扑救措施。

3. 安全生产制度

(1)行车调度人员应严格贯彻落实“安全第一，预防为主，综合治理”的工作方针。

(2)严格执行规章制度，严禁违章指挥、臆测行车。

(3)按时上岗，精力集中，密切配合。工作中严格执行“一看、二办、三复查”的操作程序和“三盯、四及时”的工作制度，防止错发、漏发调度命令，错办、漏办进路。

(4)室内严禁大声喧哗，在岗时间不得看书、看报，不做与行车无关的事情，非当班人员严禁使用调度电话、列车无线电话，不得长时间占用公务电话谈论与行车无关的事情。严禁将行车指挥设备挪作他用。

(5)班前严禁饮酒。

(6)出现行车事故、差错、调整不当及违章违纪现象，要本着“四不放过”的原则(四不放过：事故原因分析不清不放过，事故责任人未受到处理不放过，责任者和群众没有受到教育不放过，没有防范措施不放过)，认真组织分析，找出原因，制定改进措施并严格进行考核。

4. 交接班制度

为保证行车指挥工作的连续进行，确保运营安全，交接班工作应按下列规定执行：

(1)动车调试室实行 24 小时四班三轮换工作制度，由四班倒替，每日 6:00、12:00、18:00 为交接班时间。

(2)交班前 20 分钟，由当班行车调度员将本班当班情况向行车调度组长汇报，并填写交班日志，应包括：交班时间、调度员姓名、设备运转状态、当班车辆运行情况、本班遗留工作或正在进行中的工作、安全重点、备品备件、卫生状况等内容。做好交班前各项准备工作。

(3)交班调度员应树立全局观念，积极采取措施，打好交班基础。

(4)接班调度员应提前 10 分钟到达动车调试室，并尽快了解当时运行情况。

(5)接班调度员应对列车、设备现状及命令执行情况等了解清楚后，方准进行交接班。有困难时，可推迟交接班时间。

5. 分析工作制度

分析工作是提高工作效率、保证工作质量、提高调度指挥水平、保证试验行车安全的必要手段。做好试验行车指挥分析工作，有利于调度员总结经验，互相取长补短，共同提高业务能力。

(1)在日常工作中，行调组长须组织调度人员，对工作从调度命令的发布、试验车运行时间的统计、报表的填写等方面进行分析总结，不断总结行车工作中的经验，查找不足，做到事事分析总结。

(2)当行车工作中出现特殊事例、发生行车事故、违反行车规章及影响试验车运行的情况时，须进行专题分析，并按以下要求进行：

1)当班人员从调度命令的发布、行车方案、各种行车规章的应用、列车实际运行时间统计、各种情况的记载及人员分工配合等方面进行分析，总结成绩，找出不足，制定改进措施。并组织每个调度人员学习。提出工作中遇到的疑难问题，以书面形式上报动车调试室主任。

2)对其他单位发生的事故及行车工作中出现的问题，行车调度员亦应进行讨论分析，找出自己工作中类似的薄弱环节，从中吸取教训，防止类似问题的发生。

6. 调度工作

为加强行车指挥工作的标准化管理，规范行车调度工作的程序，明确行车调度的工作范围、工作内容，各调度专业间相互协调，在日常工作中须按如下规定执行。

(1)每日工作流程

1)每日 6:00，行调交接班。

2)每日 6:00～6:30，收集各站统计的当日行车调试及施工的准备情况。

3)每日 6:30，应检查、试验动车调试室各种行车设备是否运转正常，发现故障,及时通知有关单位进行维修,并将当日试验运行计划所需图表准备齐全,发现问题时通知有关人员更正。

4)每日 7:00,清障巡道工作开始进行。当得到各项准备工作已完成,线路、信号、接触网状态良好的报告后,巡行清障工作结束后,按计划书面通知电力调度进行送电。因特殊情况全线不能按时送电或部分区段不能按时送电时,应及时查明原因报告行调组长及动车调试室主任。当部分区段不能按时送电时,可先将具备送电条件的区段送电,当全线不能按时送电时,须按动车调试室主任指示办理。必要时,推迟试验时间,并通知相关单位。

5)每日 10:00 前,接受各单位次日调试、施工计划。

6)每日 12:00 行调交接班。

7)每日 18:00 行调交接班。

8)每日 20:00 前,核对次日调试、施工计划方案。

每日及时发布各种调试、施工命令。每日试验工作结束后,将调度工作日志中的内容,上报动车调试室主任。每日调试工作流程见图 2-2。

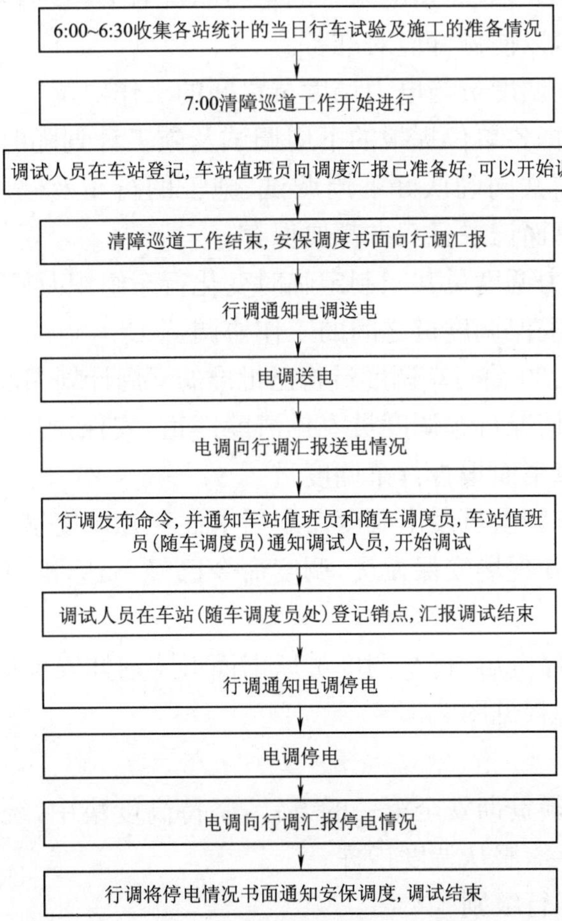

图 2-2　每日调试工作流程

(2)各调度专业间的工作协调办法

1)行车调度员与电力调度员之间工作协调

①调试或施工需要停/送电时,行车调度员根据行调组长与电力调度员共同制定的计划,以书面方式向电力调度员申请停/送电。电力调度员根据行车调度员下达的停/送电书面通知对相应的区段进行停/送电作业,作业完成后以书面形式回复行车调度员。

②发现接触网/轨在调试时间内突然失电,电力调度员要立即汇报行车调度员。行车调度员立即查明在线列车分布情况,扣停未停电供电分区上的在线列车,并配合电调处理故障。

③列车在运行中发生故障需停电处理时,电力调度员应根据行车调度员的停电书面命令(紧急停电时可先发布口头命令)对相应供电区段进行停电并书面回复。书面回复要明确具体停电时间、地点、范围。列车故障处理后,电力调度员根据行车调度员的书面送电通知对相应区段进行送电并书面回复。书面回复要明确具体送电时间、地点、范围。

④电力调度员应随时观察供电系统的运行状况,出现设备异常和不稳定现象及时汇报行车调度员,以便做好应对准备。

2)行调组长、计划调度员与电力调度员之间的工作协调

①计划调度员根据各单位提报的下周调试及施工计划随时与行调组长、电力调度员沟通,在周五前共同确认好下周调试、施工的行车及停/送电方案,提报调度室主任审批,并做书面记录且双方都要保存。

②行调组长与电力调度员共同制定临时变化行车组织及停送电方案。

3)行车调度员与安保调度员之间的工作协调

①前一周周五 18:30 前行车调度员将已批准的下周计划书面通知安保调度员。

②根据当日计划情况行车调度员安排清障巡道,安保调度员配合完成清障工作,并将清障巡道结束书面报告行车调度员。

③施工当日,行车调度员发出调度命令后书面通知调度室值班安保调度员。

④安保调度员通知现场安保人员,调度命令已经下达,准许调试、施工人员按规定进入。

⑤系统调试结束停电后,行车调度员以书面形式通知安保调度员停电情况。

行调、电调沟通流程见图 2-3。

7.行车组织方法

行车组织工作必须贯彻安全第一的方针,坚持高度集中,统一指挥,有关行车人员必须执行调度命令,服从调度指挥。

(1)列车分类及开行级别

1)列车分类为:救援列车、调试列车、施工列车、其他列车。

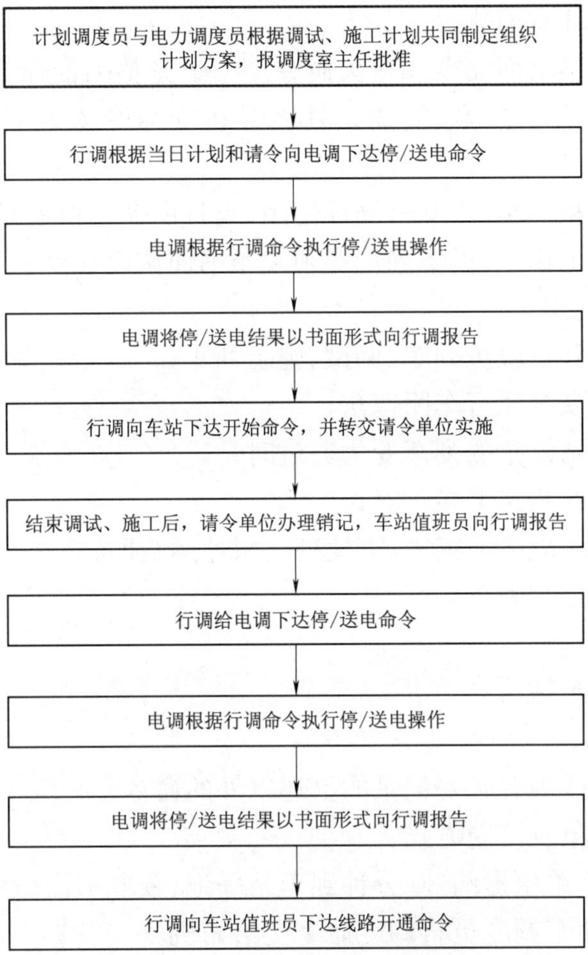

图 2-3 行调、电调沟通流程图

2)开行级别:担当救援、抢险任务的列车优先开行，其次是调试列车，最后是施工列车及其他列车。

(2)开行列车的规定

1)所有开行列车必须有调度命令方可开行，列车开行超越调度命令范围必须重新申请调度命令，由行调组长批准，通知相关车站及单位后方可开行。

2)列车车次不得任意变更。当需要改变列车车次时，须行调组长批准，并通知相关车站及单位后方可改变车次。

3)除遇突发事件外，列车一律不得变更进路。遇特殊情况需要变更进路时，须行调组长批准，通知相关单位、车站、司机、调试(施工)负责人，并确认列车尚未启动后，方可变更进路。

(3)调度命令的发布

行车调度命令是调度人员在工作中对有关行车人员发出的指示或指令，只能由值班调度员发布。在发布命令之前，应详细了解现场情况。命令内容应简明扼要，术语标准，不得任意简化。

1)调度命令包括书面命令和口头命令。一个完整书面命令包括命令时间、命令号码、受令处所、命令内容、复诵人姓名或接受命令人姓名及发令人姓名(代号)。

2)命令号码应从 001～100 号循环使用，当日命令不得重号。

3)在行车组织工作中，遇下列情况须发布书面调度命令：

①封锁、开通区间；

②向封锁区间开行救援列车、调试、施工列车；

③临时变更或恢复原行车闭塞法；

④使规定在车站停车的列车变为通过时；

⑤向有停留车的线路上接车时；

⑥发生行车设备故障或灾害，需使列车限速运行时；

⑦临时加开或停运列车；

⑧控制权转换；

⑨封站或解除封站；

⑩列车退行；

⑪行车调度员认为有必要记录的上述以外的命令。

4)命令发送对象及接受方式：

①各调试、施工单位提前 30 分钟到车站登记、领取书面命令。

②调试列车：随车调度员将调度命令交给司机。

③各施工单位在登记车站设专人联系。施工单位如施工过程中遇到特殊情况，如不能与调度室直接联系，可通过各站值班员联系。

5)行车调度术语

①××次车请求办理××站××(信号机名称)至××(信号机名称)进路。

②××站××(信号机名称)至××(信号机名称)进路正在办理。

③××站××(信号机名称)至××(信号机名称)进路办理完毕，可以发车。

④××站××(信号机名称)至××(信号机名称)进路办理完毕，可以发车，××次明白。

⑤××次车请求办理××站××(信号机名称)经××道岔定位(反位)至××站××(信号机名称)进路。

⑥××次车请求越过××站××信号机。

⑦××次车可以越过××站××信号机，注意瞭望。

⑧××次车请求由××站经上(下)行线经××道岔定(反)位，运行至××站××信号机。

⑨××次车请求由××站经上(下)行线经××道岔定(反)位，退行至××站

××信号机。

⑩××次车请求停电，下车处理××问题。

⑪××次车待命。

⑫××次车，现在已经停电完毕，可以下车处理××问题。

⑬××次车在××站至××站区间下（上）行线K××+K××发现××问题，需要××处理。

⑭××站至××站区间下（上）行线K××+K××发现××问题，需要××处理，中心收到。

⑮××次车运行至××（信号机名称）停车。

⑯运行至××（信号机名称）停车，××次明白。

⑰××次车，在××站至××站区间下（上）行线K××+K××有××情况，注意减速瞭望。

⑱××次车，在××站至××站区间下（上）行线K××+K××有××情况，注意减速瞭望。××次明白。

⑲××次今日试验任务完成，可以停电。

⑳××次，现在接触网停电完毕，可以下车做防溜措施。

㉑××次车防溜完毕，请求撤离。

㉒××次可以撤离。

㉓××站：单操××道岔至定（反）位并单独锁闭。

㉔××站已单操××道岔至定（反）位并单独锁闭。

㉕××站：办理××信号机至××信号机进路。

㉖××站××信号机至××信号机进路办理完毕。

㉗广播术语：全体人员注意，××站至××站上（下）行线计划于××点××分接触网送电，所有人员马上撤离轨行区。

㉘广播术语：全体人员注意，××站至××站上（下）行线接触网已经带电，所有人员注意安全。

（4）车次编号

车次采用字母和数字编号，字母表示列车性质。"T"表示调试列车；"G"表示施工列车或轨道车；"Y"表示救援列车；"Q"表示其他列车。

数字采用4位数字编号方式，第一位表示运行方向。即"1"表示下行列车；"2"表示上行列车。

第二位数字重复列车性质。即"6"表示调试列车；"7"表示施工列车或轨道车；"8"表示救援列车；"9"表示其他列车。

第三、四位表示列车运行的次序。

特别说明：如调试列车在某一固定区域上下行线运行测试，测试时可不用频换车次，试验结束后按照编号原则给定车次。

例如：第三列调试列车下行线运行时，给定车次为 T1603 次；如转入上行线运行，则改为 T2603 次。

(5)行车指挥设备及其运用

行车指挥设备包括动车调试室及各行车室的指挥设备。调试动车调试设备需利用备用控制中心设备，包括信号设备、通信设备及其他辅助设备。

1)信号设备包括显示和控制两部分。

①显示部分即模拟表示屏，是模拟线路配置，用于调度员监视列车运行情况、轨道、道岔、信号机状态及车次报号的设备。

②控制部分即调度员工作站，是用于对所辖区段列车、信号机、道岔下达控制命令。

2)通信设备包括调度电话、列车无线电话及自动电话。

①调度电话、列车无线电话是行车指挥工作的专用通信工具。

②自动电话是联系行车指挥工作的辅助通信工具。

③综合监控设备可对中心广播、CCTV 及安全门等系统进行监控。

④乘客信息发布设备用于向有关处所发布相关信息。

⑤安全门监视设备用于监视全线安全门运转状态。

3)其他辅助设备包括书面命令传送用的传真机、打印机等。

(6)行车闭塞法

1)基本闭塞法为移动闭塞。

2)固定闭塞法和电话闭塞法，是当移动闭塞不能使用时所采用的代用闭塞法。

3)按移动闭塞法行车时的主体信号为车载信号，按固定闭塞法及电话闭塞法行车时的主体信号为地面信号。

4)闭塞区间或站间分区的分界点为各车站进站、出站信号机或区间内指定的信号机。

5)在按闭塞方式运行时，一个闭塞区间内不得有两列及其以上的列车进入(向有列车的闭塞区间开行救援列车时除外)。

6)遇下列情况之一，改按站间闭塞法行车：

①ATP/ATO 车载设备故障，无线通信设备故障；

②未安装 ATP/ATO 车载设备的列车运行时；

③需要超过 ATP/ATO 允许速度进行试验时；

④列车推进救援运行时。

7)遇下列情况之一，改按电话闭塞法行车：

①列车反方向运行；

②站间计轴设备故障时；

③未安装ATP/ATO车载及无线通讯设备的施工列车遇出站信号机故障时；

④遇ATP地面设备故障，且行车调度员及车站值班员同时与列车间的无线通讯中断时。

8）移动闭塞

①移动闭塞根据ATP/ATO系统允许的追踪间隔行车。

②列车凭车载机车信号显示或由车载信号系统自动控制进入移动闭塞分区。

9）固定闭塞

①闭塞区间的分界点为各车站进站、出站信号机或区间内指定的信号机。

②列车凭出站信号机或指定分界点信号机闪动的绿色（或黄色）灯光进入闭塞区间或站间分区。

10）电话闭塞

① 电话闭塞的闭塞区间：

a. 正线相邻站间：两相邻站出站信号机。

b. 车辆段与相邻站间：

（a）对于出段方向为出段信号机至相邻站出站信号机；

（b）对于回段方向为段相邻出站信号机至段（场）内方第一架调车信号机间。

②列车凭出站信号机的稳定或闪动的绿色或黄色灯光发车。

③ 遇出站信号机故障，以绿色许可证作为列车占用区间的凭证，手信号发车。

④ 遇防护信号机故障时，司机应根据引导信号的显示并确认该进路的有关道岔开通正确，状态良好后运行。如引导信号无显示，列车须在该信号机前停车，司机应与行车调度员或相关站行车值班员取得联系，在得到通过该道岔的准许后，须使列车在接近道岔前方时停车，确认有关道岔开通正确、状态良好后，方可按规定速度通过该道岔区段。

⑤遇进段（场）信号机故障时，列车凭引导信号进段（场）。如引导信号无显示，司机须与行车调度员或相关段（场）信号楼值班员联系，得到准许后进段（场）。

⑥列车反方向运行，占用区间的行车凭证为路票，车站值班员使用手信号接发车。

⑦顺向阻挡信号机停用。

（7）设备故障情况下的行车办法

1）电台故障：当电台故障，调度员无法通过电台与随车调度员联系时，立即电话通知距离调试车最近的车站值班员，让车站值班员利用手台与调试车联系，先按照原定调试计划线路运行至此车站待命，等待电台故障修复。如短时内故障不能修复，调度员按照调试计划交路通知相应车站准备进路并道岔单锁，调试车按照原定调试交路继续进行调试，运行速度小于5 km/h，注意确认道岔位置，每到车站通过手台与该站值班员联系，确定下步交路计划，听值班员命令发车。

2）调度员中心台、值班员手台均无法与调试车联系时，调试车运行前方车站值班员到站台人工拦停调试车，在该站停车至故障处理完毕。

3）调度电话故障：调度电话故障时，改用公务电话与各站值班员联系。

4）调度电话与公务电话故障：立即通知调试车辆减速运行，运行速度小于10 km/h，并通知随车调度员电话故障，注意每过一个站至少与中心联系一次；与车站值班员联系方式改为电台联系。

5）ATS系统故障：当ATS系统故障时，动车调试室不能显示现场情况，通知调试车以小于10 km/h的速度运行，注意确认道岔位置，车站值班员根据进路单锁相应道岔，并通过电话向调度员详细汇报进路准备情况，调度员对道岔位置要做书面记录，核对无误后再通知随车调度员进路情况。

6）车站联锁设备故障：车站联锁设备故障时，立即通知随车调度员停车，如运行前方为无岔站，则以小于5 km/h运行至前方车站停车待命；如运行前方为有岔站，故障车站值班员现场核对道岔位置后，调试车以小于5 km/h速度运行至前方车站停车待命，行车时注意道岔位置。如前方道岔位置四开或不能确认时，则要求调试车按规定退行至后方第一个车站停车待命。

7）供电系统故障导致调试车停车，如车在车站，调试人员可在站台待命，如车在区间，所有调试人员及司乘人员未经调度员同意，严禁下车。

（8）救援

1）当列车因故障请求救援时，行车调度员应向司机详细了解以下内容：

①列车车次、车号；

②请求救援事由；

③迫停时间、地点（以百米标为准）；

④是否妨碍邻线；

⑤是否需要分部救援；

⑥有无人员伤亡及其他必要说明的事项。

根据现场情况，行车调度员认为有必要时，可指定车站行车人员尽快到达现场了解情况。确定列车救援方案后，行车调度员应向司机指明救援列车开来方向。

2）已请求救援的列车，未经行车调度员准许，不得擅自移动；故障排除不再需要救援时，须与行车调度员或车站值班员联系，得到行车调度员或车站值班员准许后方可继续运行。

3）当列车在车站故障，由后续列车担当救援时，救援列车在得到行车调度员或车站值班员准许发车指令后凭调度命令运行至故障车所在车站与故障车连挂。连挂完毕后，列车凭行车调度员赋予的救援车次继续运行。

4)当列车在区间故障,由后续列车担当救援时,自行车调度员指定了担当救援的列车时起,故障列车所在站间区间即为封锁:

①若使用在同一区间的列车担当救援,救援列车在得到行车调度员或车站值班员准许发车指令后凭调度命令与故障车连挂。

②若使用在车站的列车担当救援,救援列车在得到行车调度员或车站值班员准许发车指令后凭调度命令进入封锁区间与故障车连挂。救援列车全列进站,封锁区间即自行解除,列车凭行车调度员赋予的救援车次继续运行。

(9)列车退行

1)与司机联系,通知车站值班员列车退行,口头命令司机退回。此时行车调度员还应与车站值班员共同确认后续列车位置,以保证退行列车及后续列车的安全。

2)列车退行作业程序:

①退行车司机联系,确认退行车位置及车次;

②通知退行相关车站;

③发布口头命令令司机退回;

④车退行时,行车调度员与车站值班员应共同确认后续列车位置,保证退行列车及后续列车的安全。

3)对于由区间退回站内时行车调度员与车站值班员共同确认所要退回的站线空闲后按下列规定办理:

①若退行站后方站间区间无列车占用时,关闭后方出站信号机,以口头命令令其退回车站。

②若退行站后方站间区间有列车占用时,通知列车在区间停车,不再动车。待列车出清后,方准以口头命令令其退回车站。

4)列车由车站退回区间

①行车调度员与车站值班员共同确认所要进入的站间区间空闲,关闭后方出站信号机,以口头命令令列车退行至区间指定位置。

②退行的站间区间有车时,须通知列车在区间停车,不再动车。行车调度员与车站值班员共同确认退行区段空闲且保证两列车间至少有一个空闲区段,方准以口头命令令列车退行至区间指定位置。

(10)大风天气下的行车组织

1)列车遇 8 级及其以上大风时,应停止运行;列车遇 7 级至 8 级(不含 8 级)大风时,运行速度不得超过 60 km/h。

2)遇大风天气影响列车运行时,各有关人员应按下列规定办理:

①行车调度员接到相关区段风力报警时,须直接通知随车调度员,无条件直接通知随车调度员时,应通知相关站车站值班员,相关站车站值班员应及时转告

车上的随车调度员。

②司机接到风力报警的通知后，根据命令停车或以不超过 60 km/h 的速度运行。

3)当突遇大风司机未接到通知时，可视情况采取减速或停车措施，并报行车调度员。行车调度员接此报告后，应迅速查明相关区段的风速报警情况，若无风速报警，则通知司机继续运行。

(11)调试、施工期间有关安全规定

1)系统调试与施工在正线上同时进行时，调试区段与施工区段之间至少留一个供电区段的防护范围。系统调试与施工有冲突时，以系统调试为主。各调试、施工单位负责本单位的安全防护工作。

2)所有调试、施工单位在作业前都要与调试方签订安全协议，领取“准入证”。

3)所有调试、施工单位进入轨行区作业前都要先到车站登记(系统调试可在车站向随车调度员登记)并领调度命令。

4)不进入轨行区的室外作业，作业时工具、材料不得侵入线路限界，不得掉入轨行区内。

5)试验开始前，行调与车站值班员共同确认调试所经过的道岔区段进路准备完好后，方可进行试验。无特殊情况严禁扳动道岔。

6)列车调试所占用的区段及防护区段内，严禁有施工作业。

7)在一个封锁区段内有多家单位施工时，各施工单位必须分别提报施工计划及施工完成后各自到车站登记销点(包括维修作业)，各单位领取各自调度命令。

8)系统调试区段，严禁其他车辆上道，有轨道车运行的施工区段内，不允许交叉作业。

9)当请求救援时，应按动车调试室主任的命令执行，救援列车的开行按本《办法》中列车运行的有关规定办理。

10)带电运行调试期间，调试人员需要下车处理故障，必须与随车调度员联系，随车调度员与动车调试室联系确认接触网停电后方可下车处理。

11)调试、施工单位进入轨行区施工时，轨行区入口安保人员根据当日调试、施工调度命令及“准入证”并得到安保调度员通知后，准予进入轨行区。安保人员必须对进入轨行区人员单位、带队负责人姓名、随行人数、携带物品进行登记。

12)结束施工后，安保人员对离开轨行区的人员数量及携带物品进行销记，异地出入时，要与进口安保人员联系注销确认。

13)安保人员核实调试、施工单位进、出轨行区人数不一致时，不予办理销记手续。调试、施工人员不得离开，施工负责人继续查找。调试、施工人员强行撤离，发生问题该撤离单位负全部责任。出入轨行区人数不一致时，且安保人员办理了销记手续，发生问题由安保部门负全部责任。

14)系统调试期间每天由轨道车进行清障巡行,清障轨道车应低速行驶。每天安保人员也要对轨行区进行巡视。

15)施工过程中行车调度员要及时处理施工中发生的问题,遇下列情况须及时向行调组长及动车调试室主任汇报,并按动车调试室主任的命令办理:

①施工中发生行车设备损坏,影响行车时;

②施工中发生事故时;

③施工作业未按时完工时;

④发生人员伤亡时;

⑤施工列车请求救援时;

⑥由于各种原因影响,无法保证接触网按时送电时。

8.附件

表 2-1　停送电登记单(行车调度)

表 2-1　停送电登记单

日期	车次	请求人	请求时间	停/送电区段	接收人	清场通知时间	清场完毕时间	行调签认	签认时间	经办人	完成时间	行调确认	确认时间

表 2-2　行车调度命令

表 2-2　行车调度命令

发令人:　　　　受令人:　　　　命令号:
准许________次列车,时由经上/下行线行至　　　　。 折返车次________次,经上/下行线由返回至　　　　现时刻办理。 调试区域:至上/下行线。 开令时间:　　年　　月　　日　　时　　分

四、电力调度管理办法

1. 总则

为确保作业人员和设备运行的安全，特制定《电力调度管理办法》，凡需进入变电所设备房或轨行区作业的单位和个人，均需按照本管理办法的规定和要求，办理相关手续后方可进行作业。

2. 管理范围

变电所(变电站)内 10 kV/35 kV 开关柜、配电变压器、交直流盘、整流器、整流变压器、直流开关设备、制动电阻控制柜、制动电阻柜、0.4 kV 开关柜、联跳柜、控制信号屏、排流柜、上网隔离开关柜、负极柜、钢轨电位限制装置、电能质量管理测量屏、10 kV/35 kV 环网电缆、直流电缆等设备。

3. 管理机构及工作职责

(1)管理机构

电力调度组。

(2)工作职责

1)负责受理各施工单位作业计划申请，下达供电设备和接触网隔离开关倒闸操作命令。

2)负责各变电所(变电站)供电系统运行及倒闸。

3)负责组织抢修供电系统、接触网运行中发生的各种事故。

4. 日常工作

(1)一般值班

电力调度员实行 4 班 3 轮转的值班方式在中心调度室值守。

接触网的停、送电及改变系统运行方式的倒闸操作由中心调度室电力调度组电力调度员下达操作命令完成。

(2)作业计划的申请

各施工单位根据项目计划和实施进度，及时向计划调度组提出作业申请，凡属下列情况，均需提出书面申请(格式见表 2-3)并在施工前 2 周提交施工作业计划：

1)需变电所停电作业及电缆夹层的任一区域作业。

2)在设备带电区域 1 m 范围内的作业。

3)需进入轨行区域的作业。

凡属下列情况，均需提出书面申请(格式见表 2-4)并在施工前一个星期四 18:00 前提交下周施工作业计划：

1)在设备带电区域 1 m 外范围内的作业；

2)车辆段不停电、不影响行车(除出入段线外)范围内的作业；

3)设备区域以外范围内施工作业。

凡电力调度员要求变电所值班员做的工作,变电所值班员都要作详细记录,并及时汇报。

各施工单位对各低压(即从变压器低压侧馈出去的电压)设备,已施工完毕,对各低压馈线电缆绝缘达到规范要求。

各施工单位必须提前一周以书面形式向中心调度室电力调度组提交送电申请(见表2-5)。

(3)作业计划的审批

施工单位填好作业申请单后(一式两份),经项目部经理及驻地监理审批后,再交中心调度室电调最终审批。经电调审批后,一份留在电调办公室,另一份在作业前交变电所值班员留存。

(4)作业计划的实施

作业前,由作业负责人持经批准的作业令,到变电所办理作业手续或停电作业手续,待值班员完成相关安全防护措施后,作业人员方可进入作业区域。

作业完成后必须及时到变电所办理销令手续,值班员接到施工负责人销令通知后(施工负责人必须到变电所通知值班员施工结束)应及时撤出接地线和安全防护措施,值班员核实后,再向电调汇报线路出清销令。

严禁超时、超区域作业,遇有特殊情况不能按施工计划时间销点时,要提前30分钟与值班员联系,值班员与电调联系在得到电调的同意后方可延长作业时间。

作业令批复后,对无故未执行的作业令的施工作业单位,记违规一次,停发一次作业申请。

(5)施工管理

1)申请了停电作业和轨行区封锁作业,而未施工也没有向电调取消作业计划的,施工单位应以书面形式说明其原因并由项目经理、监理签字盖章确认。

2)在设备区域施工不服从值班员管理的,值班员有权终止施工作业。

3)在施工现场做到文明施工、不野蛮施工、不违规操作,做到人走场地清,否则配合或值班人员有权终止施工作业。

4)成品、半成品保护:对现场已安装或即将安装的设备、线缆要加强保护。对投入或即将投入的设备、线缆要加强保护。

(6)变电所倒闸制度

1)在设备上进行倒闸作业应有电调命令,电调命令应由值班员受令复诵,双方均应认真写倒闸操作命令记录,无命令编号和批准时间的命令无效,有疑问时须经双方问清后方可执行。

2)倒闸时应做到:

①一个命令只允许执行一个倒闸任务。

②倒闸操作时，值班员必须手持操作卡片或倒闸表唱票同时进行操作。

③在进行倒闸操作过程中，遇有危及人身设备安全的紧急情况下应立即停止操作，并断开有关电源，然后向电调汇报事故情况、时间、地点并做好记录，再合闸时必须查明事故的原因，并有电调的重新命令方可执行。

3)倒闸作业完毕后，值班员应立即向电调报告，电调及时发布完成时间，倒闸作业方告结束。

4)遇有下列情况，变电所值班员可先进行操作，然后向电力调度汇报和要令：

①发生危及人身和设备安全的事故时，所采取的必要倒闸；

②设备损坏或失火以及危及行车安全时的倒闸；

③对所内发生的故障，应记入相关的记录中。

5)变电所值班员倒闸作业必须执行“三准、两清、一稳”的操作制度。

三准：

①操作作业票看得准；

②设备编号看得准；

③操作位置站得准。

二清：

①唱票指位清；

②复诵回示清。

一稳：操作开关稳。

5.附件

表 2-3　月施工计划申报单

表 2-3　月施工计划申报单

联系人：　　　　　　　　联系电话：

日期	单位	作业时间	作业内容	作业区域	供电安排	申报人	防护措施	备注
作业单位项目部经理 安全责任承诺 项目经理签字(盖章)： 监理签字(盖章)：								

表 2-4 周施工计划申报单

表 2-4 周施工计划申报单

联系人： 联系电话：

日期	单位	作业时间	作业内容	作业区域	供电安排	申报人	防护措施	备注
作业单位项目部经理安全责任承诺 项目经理签字(盖章)： 监理签字(盖章)：								

表 2-5 低压送电申请单

表 2-5 低压送电申请单

联系人： 联系电话：

日期	作业单位	送电要求时间	送电开关号	绝缘电阻(Ω)	申报人	监理签字	项目部经理签字
作业单位项目部经理安全责任承诺： 项目经理签字(盖章)： 监理签字(盖章)：				电力调度审批意见：			

五、随车调管理办法

1.随车调度岗位职责

(1)积极配合行调值班人员进行调试作业，当调试工作有多家单位参与时，做好相互之间的协调配合工作。

(2)配备相应通信工具，与动车调试室随时保持联系，保证调试工作安全进行。

(3)在调试开始前和调试结束后，司机听从行车调度员或随车调度员指挥；调试进行期间，由调试单位负责指挥司机行车，司机同时应该严格遵守行车规则，随车调度员负责和调试单位办理指挥权移交手续并监督调试单位工作，确保调试单位严格按照调度命令规定的时间、区域进行调试和行车。

(4)在动车调试室主任指挥下处理各类突发事件。确认现场情况，有问题及时上报行调。

(5)调试单位不能在车站登记、领取调度命令时，接受其登记，与动车调试室联系确认后派发调度命令。

(6)调试单位不能在车站销记时，由随车调度员接受其销记，并向动车调试室汇报。

2. 随车调度工作流程(图 2-4)

3. 注意事项

(1)上车前随车调度撤止轮器。

(2)监督上车调试人员签到，人员全部到位后，调试负责人填行车指挥表、申请送电。

(3)随车调度检查表格无错误后向行车调度申请送电，申请送电后禁止调试人员下车，禁止外来人员进入调试区段。

(4)行车调度回复后申请行车命令，动车前先行压道，检查线路有无障碍物。

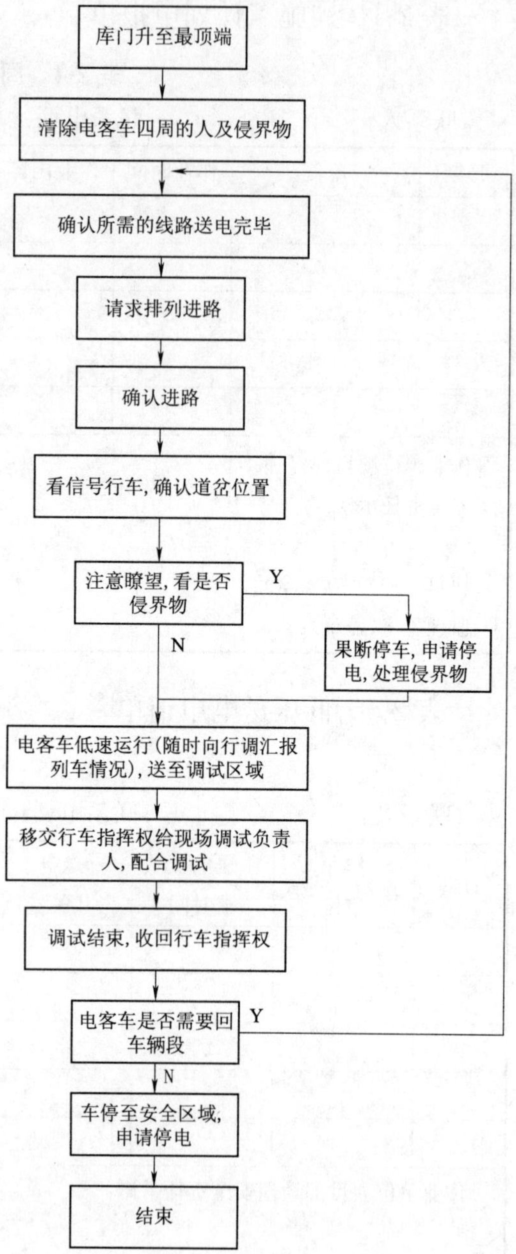

图 2-4 随车调度工作流程图

(5)调试结束后申请停电，确认停电后，关闭车辆所有负载，验电、挂接地线，安放止轮器，填写施工日志，检查门窗是否关好，检查完毕后，调试人员离场。

(6)调试期间遇紧急情况，随车调度员向行调申请停电，停电之后按相应流程处理事故。

(7)带电期间调试人员如需下车作业必须与随车调度人员签订“安全责任书”。

(8)调试期间调试人员如需下车作业必须验电、接地，按流程作业。

4. 附件

表 2-6　停送电登记薄(随车调度)

表 2-6　接触网停/送电登记簿(随车调度用)

日期	车次	申请时间	停/送电	现场调试负责人	随车调度	申请停/送电区段	确认停/送电完毕时间

表 2-7　行车指挥表

表 2-7　行车指挥表

序号	日期	车次	开始时间	调试内容	调试单位	调试负责人	调试司机	结束时间
备注:调试期间,严禁违规操作。								

表 2-8　行车记录表

表 2-8　现场调试行车记录表

调试车辆:		随车调度:		调试司机:	
车辆动车时间:	车辆断电时间:	试验区段开始调试时间:		试验区段结束调试时间:	
序号	调试内容	完成情况	备注	调试单位	调试负责人
备注:调试期间,司机听从调试负责人指挥行车;严禁超范围试验。					

六、轨行区施工管理规定

1. 计划调度员岗位职责

(1)每周二负责收集整理下周系统调试计划、各单位施工计划。

(2)协助行调组长制定下周调试、施工计划,并根据协调会最终意见做相应修改。

(3)每周五 18:30 前,通知各站及相关调试、施工单位,行车调度员、电力调度员、安保调度员下周调试及施工行车安排计划。

(4)调试施工前 1 天 10:00 前,与各调试、施工单位核对次日计划,如有不符,以动车调试室下发的周计划安排为准。如确需调整,报告行调组长及动车调试室主任。

临时变更方案计划,及时通知各站、相关单位及安保调度员。

2. 轨行区管理

进入轨行区施工的单位必须与联调方签订安全协议,支持、配合、服从轨行区的管理规定。联调方负责安排、协调各施工单位的施工计划,因交叉施工产生矛盾较为突出且无法协调的,由建设单位协调解决。联调方定期将违反《施工管理办法》的单位及其违规行为上报建设单位,由建设单位对其实施相应的经济处罚。

轨行区管理工作由计划调度组负责,统筹规划全线轨行区施工管理,受理各施工单位提出的轨行区施工计划和申请,合理安排交叉作业施工,协调解决各单位在轨行区施工中所产生的矛盾。组织结构见图 2-5。

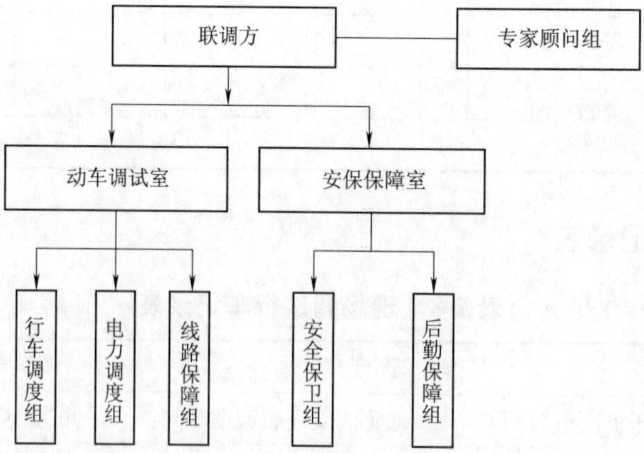

图 2-5 组织结构图

3. 调试、施工及维护作业管理规定

(1)行车、施工调度计划以每周为单位,电调计划以月为单位,申报、批准和下达。涉及系统调试的周行车计划按《联调行车调度管理办法》组织行车。其他占用轨行区的行车和施工,以及侵入轨行区安全界限(含牵引供电接触网),影响行车及人身安全的施工项目，由施工单位提前一周报施工申请计划，待动车调试室(相关部门)批准下达计划后，在计划指定的日期、时间、地点和范围内组织施工。

(2)各施工单位于工程列车运行或施工项目进行前一周星期二 15:00 前将“轨行区系统联调及施工计划申请表”以递送或传真方式报联调方的相关部门(动车调试室)。

(3)如遇各单位施工申请时间集中，交叉干扰影响较大时，于每周星期四 9:00 组织各有关施工单位召开协调会(根据施工计划申报情况确定是否召开会议)，共同商定下一周施工计划。施工计划的制定原则是，以主、次，重、轻，急、缓为序排列，提高计划的预见性、准确性和合理性。

(4)动车调试室根据各施工单位的申请，对计划进行统筹安排制定方案，并与行车调度、电力调度、安保调度共同确定下一周计划，报动车调试室主任批准。批准后的“联调及施工周计划表”于星期五 18:30 前下达行车、电力、安保调度、各车站以及相关施工单位。

(5)为了做好行车、施工调度计划的管理工作，建立施工计划联系网络，各涉及要点计划的施工单位指派专人担任施工计划联络员，负责施工申请计划的报送和施工批准计划的传接。施工计划联络员姓名、电话、传真号，并且由项目经理签字后加盖项目部公章，上报联调方动车调试室，全部联系网络信息搜集整理后，发至各有关单位。

(6)为了提高行车、施工调度计划的兑现率和严肃性，施工单位如要取消计划，必须于计划执行前一天 12:00 前通知调试方动车调试室，以便安排其他施工项目。

(7)调试、施工前一天 10:00 前，各调试、施工单位以书面形式与调度室核对次日调试、施工计划，如 12:00 前不向调度室确认，视为取消此计划。调度室下发的施工计划如有临时变化，前一天 18:00 前计划调度员通知各相关单位。

(8)调试、施工当天，调试、施工人员到达现场并准备好后，提前 30 分钟到车站综控室(或向随车调度员)进行登记，车站值班员(随车调度员)在确认与调度室下发的计划相同后口头报行车调度并记录。施工、调试单位未登记，视为此次计划自行取消。

(9)行调采用电话手抄或传真的方式发布调度命令通知车站值班员(随车调度员)开始调试或施工，并将此命令书面通知安保调度员。车站值班员(随车调度员)将命令以书面形式转达调试或施工单位。安保调度员将命令转达给相应车站安保人员。

(10)动车调试单位将调度命令交给司机，在调度命令规定的试验区域和调试时间范围内，司机听从联调方的指挥，司机同时应该遵守行车规则。

(11)调试或施工完成后，调试、施工单位在车站值班员(随车调度员)履行注销手续，车站值班员（随车调度员）口头报调度室销记。

（12）调试、施工不能按计划时间完成，请求延长时间，调试、施工单位提前1小时通过车站值班员（随车调度员）与调度室联系。经行调批准，最迟在结束点前20分钟下达是否同意延长的命令，同意后方可延长。对执行施工计划不严肃，无故取消施工，或组织混乱随意延点施工的单位，给予通报批评或相应处罚。

（13）系统调试人员的登记、销记可由车站值班员、随车调度员负责管理。所有施工的登记、销记一律在车站进行。

（14）不进入管理区且不影响系统调试或不影响系统调试所使用设备正常运行的施工，可不用报计划，自行安排施工。

4. 施工计划申报、编制、下达、执行程序（图2-6）

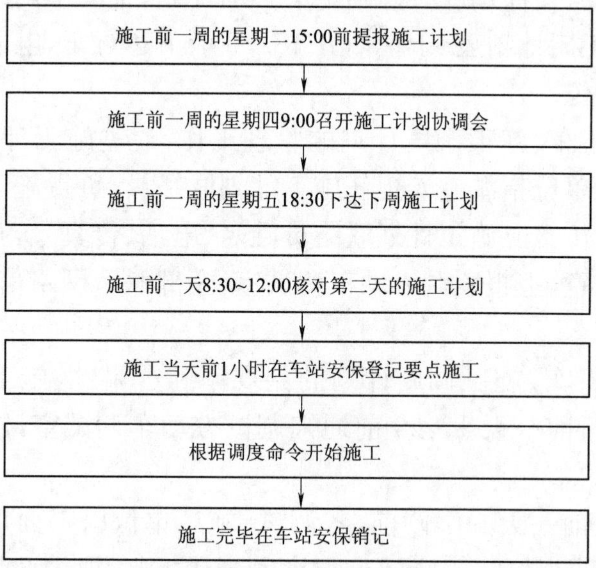

图2-6　施工计划申报、编制、下达、执行程序流程图

5. 每日调试、施工工作流程（图2-7）

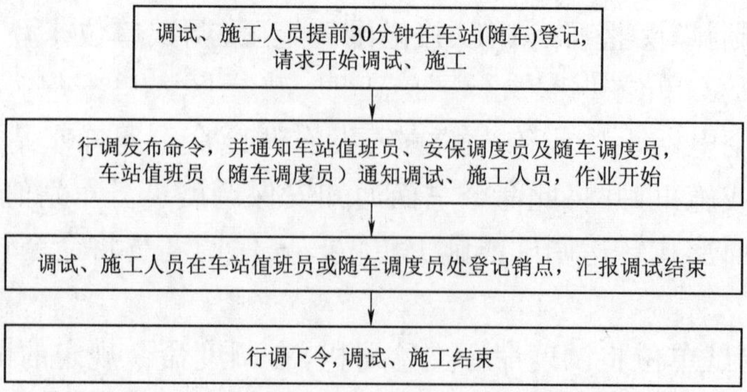

图2-7　每日调试、施工工作流程图

6.调试、施工期间安全管理要求

(1)所有调试、施工单位在作业前都要与联调方签订安全协议,在安保调度员处领取“准入证”。没有签订安全协议者,一律不受理施工申请及办理准入证。

(2)调试、施工人员必须按照标准配齐劳保用品,佩戴胸卡。

(3)在管理区内调试、施工人员着装不齐,无反光背心,防护人员无防护用品,轨行区防护措施不到位等情况,联调方有权要求立即整改,并通报其单位负责人及其监理处理。

(4)调试、施工人员在完成本单位下发的生产任务时,要认真保护好其他施工单位的成品、半成品。装卸货物和材料时要轻拿轻放,不得野蛮装卸及搬运,做到文明施工。

(5)在车站和轨行区严禁吸烟,严禁涂写乱画及大小便。

(6)系统调试与施工在正线上同时进行时,调试区段与施工区段之间至少留一个供电区段的防护范围。系统调试与施工有冲突时,以系统调试为主。各调试施工单位负责本单位的安全防护工作。

(7)所有调试、施工单位进入管理区作业前都要先到车站登记(系统调试起点没有登记处时可向随车调度员登记)并领调度命令。

(8)动车调试期间,不进入轨行区的室外作业,作业时工具、材料不得侵入线路限界、不得掉入轨行区内。在轨行区上层进行作业,要将两层间孔洞封闭良好,确保不让杂物掉落到轨行区。如要开启孔洞施工,需要在施工申请计划中说明,凭调度命令进行施工。

(9)列车调试所占用的区段及防护区段内,严禁有施工作业。

(10)在一个封锁区段内有多家单位施工时,各施工单位必须分别提报施工计划,施工完成后各自到车站汇报销点(包括维修作业),各单位领取各自调度命令。

(11)有轨道车运行的施工区段内,不允许交叉作业。

(12)带电运行调试期间,调试人员需要下车处理故障时,必须与随车调度员联系,随车调度员与调度室联系确认接触网停电后方可下车处理。

(13)调试、施工单位进入轨行区施工时,轨行区入口安保人员根据当日调试、施工调度命令及“准入证”并得到安保调度员通知后,准予进入轨行区。安保人员必须对进入轨行区人员单位、带队负责人姓名、随行人数、携带物品进行登记。

(14)结束施工后,安保人员对离开轨行区的人员数量及携带物品进行销记,异地出入时,要与进口安保人员联系确认。

(15)所有施工单位在当日施工完成后,将剩余材料、机具、施工垃圾全部清理干净。如发现有未清理干净者,将取消其下次施工的资格或找其他单位清理,清理费用由施工单位承担，并进行通报。

(16)安保人员核实调试、施工单位进、出轨行区人数不一致时，不予办理销记手续。相关调试、施工人员不得离开，施工负责人继续查找。若调试、施工人员强行撤离，发生问题由该撤离单位负全部责任。出入轨行区人数不一致时而安保人员办理了销记手续，发生问题由安保部门负全部责任。

(17)安保人员检查所处轨行区的线路、道岔、道床有无损坏，轨道上有无杂物，及时处理，若超出自身能力立即向联调方反映。对于破坏轨行区施工成品的行为应及时制止，记录破坏人员的单位、专业、职务、姓名，通报其单位并向上级汇报。

(18)进入轨行区的施工作业，必须2人以上才允许进行。

(19)施工结束后，最终销点地点为车站综控室，异地销点令须经下令车站值班员报行调同意，不在车站综控室销记的单位，下次施工计划申请将不予批准。

7. 相关专业保障工作

(1)土建专业

土建施工单位负责轨行区和车站的土建结构问题的处理。

(2)风水电专业

风水电专业施工单位负责轨行区和车站的照明和通风。

(3)安全门专业

安全门专业施工单位负责车站安全门设备的正常运行。

(4)车辆专业

电客车公司负责车辆的整备和车载设施的维护，确保试验车辆能正常运行。

(5)通信专业

通信专业施工单位及通信专业供货商负责动调期间通信设备的维护，确保相关设备运行良好。

(6)供电专业

供电专业施工单位要保持供电系统正常稳定的运行。

(7)线路专业

线路专业施工单位负责车辆段及正线线路、轨道、道岔、接触网等设备运转良好，及时处理存在的故障和安全隐患，并确保区间临时照明畅通良好。

(8)信号专业

信号系统集成商负责保持信号系统运行良好，信号专业系统集成商、施工单位负责确保设备正常使用及动调配合。

(9)综合监控专业

综合监控专业施工单位负责车站综控室的值守。

以上各专业应自行负责综控室内各专业设备的安全，或统一由安保负责确保综控室内设备的安全。

8.调试及施工作业管理规定

调试及施工作业的受理、安排流程：

(1)调试单位及各施工单位于调试或施工前一周周二15:00前以书面形式报计划调度员。

(2)行调组长根据各单位计划进行统筹安排，与电力调度员共同制定调试及施工周计划后报动车调试室主任批准。如各单位调试、施工交叉影响较大，周四9:00组织各单位开协调会共同制定方案。

(3)周五18:30前计划调度员以书面方式将批准的调试及施工周计划通知各站、相关单位及安保调度员。

(4)施工、调试单位如取消计划，须提前通知计划调度员。

(5)调试、施工前1天10:00前，各调试、施工单位以书面形式与动车调试室核对次日调试、施工计划，如12:00前不向动车调试室确认，视为取消此次计划。次日计划如有临时变化，18:30前计划调度员通知相关单位。

(6)调试、施工当天，调试、施工人员到达现场并准备好后，到车站向车站值班员(或向随车调度员)进行登记，车站值班员(随车调度员)在确认与动车调试室下发的计划相同后口头报行车调度并记录。施工、调试单位未登记，视为此次计划自行取消。

(7)接到车站或随车调度员转达的调试、施工单位请求后，行调通知电调进行停/送电。

(8)行调发布命令通知车站值班员(随车调度员)开始调试或施工；并将此命令书面形式通知安保调度员。车站值班员(随车调度员)将命令以书面形式转达调试或施工单位。安保调度员将命令转达给相应车站安保人员。

(9)调试或施工完成后，调试、施工单位履行销记手续，车站值班员口头报动车调试室。

(10)接到报告后，行调通知电调进行停、送电。

(11)调试、施工不能按计划时间完成，请求延长时间，调试、施工单位提前1小时通过车站值班员(随车调度员)与动车调试室联系。行调批准，下达延长命令后，方可延长。

(12)系统调试人员的登记、销记可由车站值班员(随车调度员)负责管理。所有施工登记、销记一律在车站进行。

(13)正线系统调试，有条件实现移动闭塞时采用移动闭塞或站间闭塞，无条件时也应电话闭塞，严禁电动车司机盲目动车。

(14)对申请调试计划后，无故未执行的单位，视为违规，停发一次计划申请。

9. 调试、施工受理、安排流程(图 2-8)

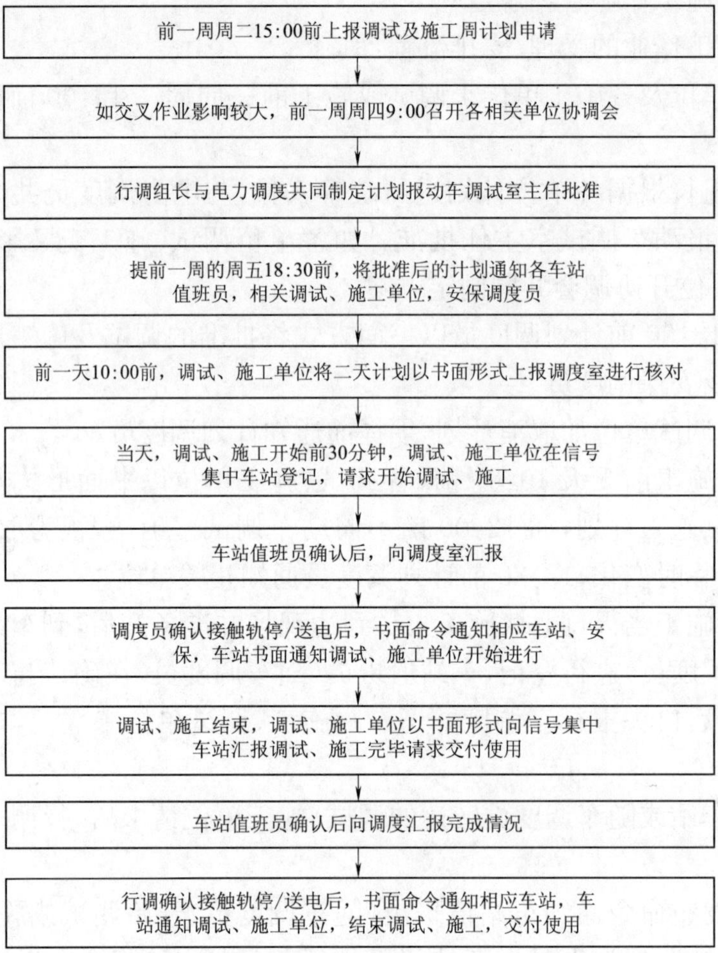

图 2-8　调试、施工受理、安排流程图

10. 附件

表 2-9　计划申请表

表 2-9　系统调试及施工计划申请表

序号	申请日期	计划日期及时间	调试及施工单位	负责人	配合单位	调试及施工内容	地点及影响范围	备注
						内容内要注明上轨行区调试、施工人数及出入封闭轨行区地点	含接触网停电范围	

注:此表由调试、施工单位填写,周计划及与动车调试室核对次日计划用此表。

表 2-10　施工登记簿

表 2-10　系统调试及施工登记簿

当日登记编号	登记日期	登记时间	计划开始及结束时间	地点及影响范围	登记单位及负责人	配合单位及负责人	申请内容	是否异地注销及注销地点	值班员	实际开始时间	实际结束时间	调试及施工完成情况	完毕后设备情况	值班员	登记单位及负责人

注:此簿由各站车站值班员、随车调度员保存,各单位到达车站后在车站值班员(随车调度员)处用此簿登记要点,并要求车站值班员(随车调度员)签字确认。当日调试或施工结束,登记单位要在车站值班员(随车调度员)处填此簿进行销点。

七、安全、保卫管理办法

1. 安保调度员岗位职责

(1)按系统调试阶段有关安全保卫规定派发、回收“轨行区准入证”。

(2)熟悉下周调试、施工计划。

(3)调度命令及时通知车站保安组,将清场情况以书面形式报告行调。

(4)听取各站安保人员对调试、施工单位人员进出轨行区的报告,有问题及时向行调汇报。

(5)认真学习突发事件预案,掌握突发事件预案处理程序,保证随时应对突发事件。

2. 目的

(1)进一步作好地铁动车调试安全管理工作,确保调试期间行车安全、设备安全、人员安全以及环境安全。

(2)杜绝较大以上级别的安全事故。

(3)减少一般安全事故,严格控制高坠、物体打击、触电、机械伤害等非技术性事故。

3. 安全保卫范围

为了确保线路施工材料器材安全,系统调试顺利进行。

(1)线路安全保卫及范围

安全保卫内容:环网电缆、接触网/轨、接触网/轨上网电缆、回流电缆、杂散电流电缆、通信信号(光)电缆及器材等现场的安全保卫工作,以防火、防盗、防破坏、防治安灾害事故。为保障安全，安全保卫必须24小时值班制。安保人员还应加强对周边环境的巡查，加强对过往人员、车辆等的监控。防止外界施工、行车等对各类电缆及器材造成的擦伤、挤压等。做到：强势管理，创建平安工程。

(2)车站及施工现场安全保卫及范围

车站及施工现场的安全保卫工作，以防火、防盗、防破坏、防治安灾害事故为重点，实行"全线封闭、严格管理、预防为主、保障安全"的原则。

当需要进入车站、轨行区调试、施工作业时，各车站和区域内轨行区入口安保人员根据当日调试调度命令及"准入证"并得到安保调度员通知后，准予进入。安保人员必须对进入车站、轨行区人员单位、带队负责人姓名、联系方式、随行人数、携带物品进行登记。结束施工后，安保人员对离开轨行区的人员数量及携带物品进行销记，异地出入时，要与进口安保人员联系确认，做到前后呼应。

在接到有动车调试任务时，各区域内执勤安保人员对自己管辖区域进行轨行区清场，清场中发现的安全隐患应立即清除，不能清除的应及时上报有关部门予以排除，在清场过程中不得有任何遗漏，要有责任心，工作认真细致尽职尽责。各区域内执勤安保人员对自己管辖范围内已经清场的区域实施封闭管理，严禁任何无关人员进入地铁轨行区，确保动车调试安全。并将清场情况汇报给安保调度员，安保调度员将清场情况汇报给行车调度，行车调度申请动车区域送电，送电完成后电力调度告知行车调度，行车调度下令动车调试开始。

如有夜间动车调试，首先要做好相关准备工作(包括车辆、通信、照明等)。在条件允许的情况下使用轨道车清场压道，如有特殊情况清场工作必须由各区域内执勤安保人员完成。

4. 组织机构及职责

(1)以某项目为例，成立安保工作领导小组，负责对全线安全、保卫工作进行全面部署、指导、监督和检查工作。见图2-9。

(2)各成员单位职责

1)建设单位

主要进行重大决策管理。建设单位设备部负责技术保障及现场管理，工程部负责现场协调，安监室负责现场的监督抽查，督促相关单位及时整改。

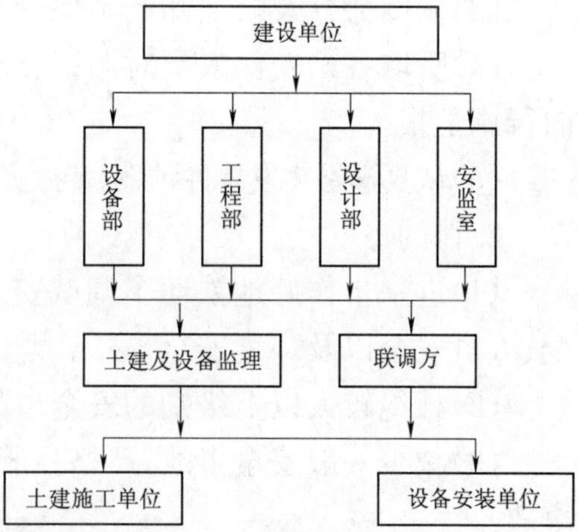

图2-9　组织机构图

建设单位负责督促、检查安全工作落实情况，重点部位和时段实施跟班(跟车)作业。

2)联调方

联调方受建设单位委托是综合调试活动安全管理的责任主体，必须严格执行相关的各项管理办法，按动车调试阶段安全管理工作方案组织各项调度活动，落实安全保卫工作，确保安全工作落到实处。联调方职责主要为调试现场全面的安全管理、调度。

联调方应建立现场协调网络体系，由联调方编制联系图表，做到在任何时间、任何地点保持信息畅通，保证在第一时间能够处理与动车调试相关的现场安全问题。

定期向安保工作领导小组汇报和反映工作情况，接受安保工作领导小组的工作指导和检查监督。

成立保安队负责安全保卫工作。

3)监理单位

监理单位包括土建监理和设备监理，除相关文件规定的安全管理责任外，动车调试阶段的安全监理工作要制订专项监理细则，做到方案可行、人员到位、工作落实，对重点部位、重要工序旁站监理。发现的问题及时处理、汇报。

4)施工单位

施工单位除相关文件规定的安全管理责任外，动车调试阶段职责主要为对调试区作业人员的安全教育与培训，安全措施的落实，安全指令的执行等。调试区必须严格按照联调方的要求组织施工，施工期间必须配备安全管理人员跟班作业。

5.安全、保卫工作规范

(1)上岗的保安人员必须经过相应的专业培训和教育，无违法犯罪记录，身体健康。

(2)保安人员上岗和下岗时，必须认真做好交接班记录。

(3)固定岗卡值班人员值班时要对所有出入岗卡的人员及车辆按规定进行检查并做好出入登记；流动及巡查人员必须严格按照规定要求对所管区段进行巡查并做好巡查记录。

(4)保安人员在上岗时必须统一着装，保持仪表整洁，执勤时要文明礼貌。

(5)保安人员在工作中发现可疑情况或人员时应及时向上级报告，一旦发现现场发生线材盗窃行为及人员，应及时予以制止并立即向单位安保领导小组领导和警务工作站报告，尽量采取措施控制违法犯罪嫌疑人。

(6)值班看守保安员职责：

1)负责看守警戒保卫区出入口，防止违法犯罪分子和无关人员进入警戒保卫区；

2)负责查验、登记出入警戒保卫区人员证件，严禁无关人员进入警戒保卫区；

3)负责查看施工、安装、调试等单位进入警戒保卫区的器材、设备、工具、废料，发现可疑情况，立即向民警报告；

4)协助公安民警侦破、查处刑事案件和治安案(事)件。

(7)值班看守保安员纪律要求：

1)按时到岗,坚守岗位。

2)着装整齐,姿态端正。

3)查验证件,认真负责。

4)人物出入,做好登记。

5)文明值勤,礼貌待人。

6)发现情况,立即报告。

7)严禁监守自盗,偷拿器材设备。

8)严禁值班睡觉或擅自离岗、脱岗。

9)严禁私放无证人员进入警戒保卫区。

对违反上述纪律要求的保安员,将视情给予批评教育、解雇、建议辞退处理;构成违法的,依据《中华人民共和国治安管理处罚法》给予治安处罚;已构成犯罪的,依照《中华人民共和国刑法》追究其刑事责任。

(8)值班看守保安员工作流程见图 2-10。

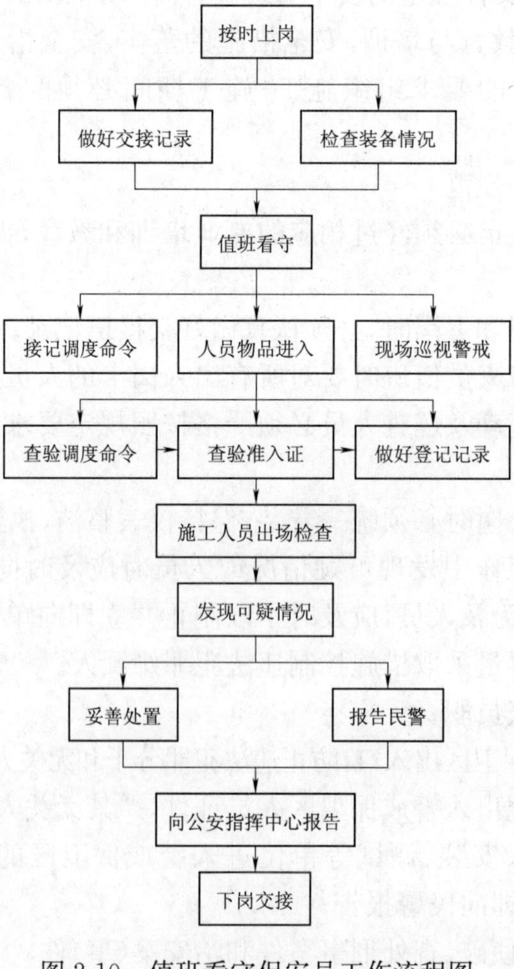

图 2-10　值班看守保安员工作流程图

6. 安全保卫工作要求

在安全保卫领导联调方的统一部署下，本着“统一部署、统一协调、全面防范、确保安全”的方针，按照“统一指挥、协同作战”的原则，采取“全面防范、确保重点、适时整治、保障安全和守口把边、巡守结合”的方法，统筹安排，合理布局，精心组织，做到责任到位、措施到位。在项目部领导的支持下，依靠广大职工搞好多层次、全方位的安全防范工作，及时查处各类不安全地段，遏制拆盗事件发生的势头。同时，搞好内外联系和信息工作，不断加强巡视区域，加大安全保卫力度，确保重点要害部位万无一失，力争不发生拆盗事件，确保按时开通。

在这主导的思想前提下要建立健全各项安全管理制度和各种突发事件的应急预案，遇有突发事件，按照各类应急预案果断处置。加强线路沿线、车站的治安管理，认真组织落实各项安全管理制度和防范措施。加强宣传教育，提高施工人员遵章守纪的自觉性。

在工作中要统一思想，提高认识，明确任务，服从指挥，依法监管，履行工作职责，严守纪律，吃苦奉献。做到文明值班，认真负责。

进入警戒保卫区施工、调试的单位和人员，必须严格遵守下列规定：

(1)凭相关有效证件经安保人员检验登记后，方可进入。

(2)严禁吸烟或使用明火。

(3)需使用易燃易爆化学危险物品和进行电、气焊作业的，必须持有由监理单位开具的证明。

(4)严禁在行车限界内堆放器材设备和扔弃废料。

(5)严禁擅自动用、开闭施工、调试任务的其他器材设备。

(6)注意观察和瞭望线路机车情况，保障人身安全。

(7)施工、调试任务结束后，必须清理现场、立即撤离。

(8)发生塌方、火灾等治安灾害事故或人员意外伤害的，必须立即采取应急措施，并及时报警。

(9)严禁盗窃、破坏工器材设备。违者，将依据《中华人民共和国刑法》以盗窃、破坏交通设备罪追究刑事责任。

(10)发现器材设备被破坏、丢失或发现可疑人员、情况的，必须立即向公安民警、保安员报告。

7. 奖惩

(1)在安全保卫工作中，有下列显著成绩之一的单位和人员予以表扬、奖励、记功：

1)主动发现问题，及时堵塞漏洞，防止事故、案件发生的；

2)发生重、特大刑事案件和治安灾害事故能及时查清破案的；

3)发生治安灾害事故，能奋力抢救，措施得力，及时妥善处理，制止灾情蔓延，减少损失的；

4)同违法犯罪活动作斗争中，检举揭发违法犯罪，见义勇为，及时制止违法犯罪活动或抓获违法犯罪嫌疑人的。

(2)有下列情形之一的将给与当事人给予处罚：

1)安保人员因玩忽职守而发生盗窃案件，造成较大经济损失的，将予罚款或辞退。

2)发现问题或可疑情况未及时报告，致使线路财产受到损害的。

3)安保人员监守自盗的，将移交司法机关处理。

4)安保人员执勤期间违反工作职责或纪律要求的，将给予批评教育、罚款等处罚，经两次检查发现仍不改正的将予辞退。

8.附件

表2-11　保安员值班记录表

表2-11　保安员值班记录表

值班时间	自　年　月　日　时至　年　月　日　时		
值班地点		岗位号	
保安员			
记录内容	记录内容：接受调度命令情况；出入人员查验情况(调度命令、负责人、人数、专业、工具、器材等)；车辆出入情况；巡视检查情况等		
备注			

八、后勤保障管理办法

1.目的

为了给综合调试服务人员提供舒适的工作环境，成立后勤保障部，负责整个综合调试的后勤生活服务，为综合调试服务的顺利完成提供后勤保障。

2.组织机构

后勤保障组织机构见图2-11。

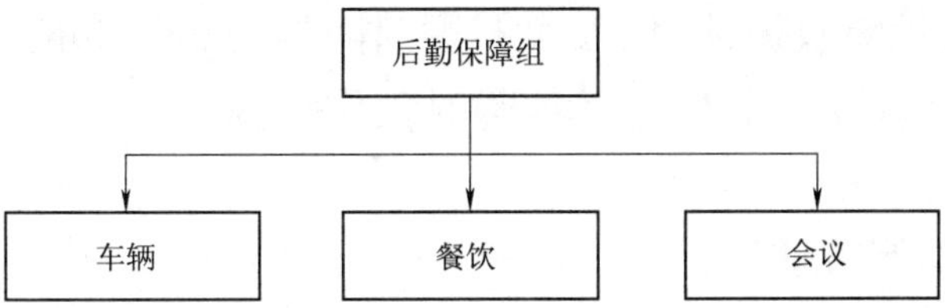

图 2-11　组织机构图

后勤保障组负责后勤保障的管理工作，确保系统调试期间动车调试人员、调试人员、建设单位、监理单位、设计单位等相关人员的后勤保障。

司机班长负责车辆的派遣，调试人员如需动用车辆，须填写提交派车单。

后勤主管负责提供调试人员的餐饮，每日就餐人数须在就餐前 2 个小时上报。

业务主管负责有关调试会议的安排及会场布置，并提供必要的办公条件，如电话、打印机、传真机、投影仪等。

3. 后勤范围及职责

(1)通信设施保障

在临时控制中心、车站综合控制室各配置专用调度电话机 1 部、公务电话 1 部；在临时控制中心、车站各变电所各配置 1 部专用电话和 1 部公务电话，用于电力调度指挥各个变电所停、送电管理。在动车调试管理期间，为了方便各个专业与联调方联系，上报及审批动车调试期间施工作业计划，将在临时控制中心和各车站综控室各配置 1 部自动传真电话，同时在动车调试室配置 1 台复印机和 2 台打印机，保障调试各工作组之间的通信顺畅。所有的通信设施由专人负责管理及维修。

(2)生活保障

在临时控制中心、各车站综合控制室等地方配置饮水机，为管理人员及现场值班人员提供日常的饮水需求，日常饮食为工作盒饭。后勤保障组负责日常饮用水的更换以及盒饭卫生的抽查，确保综合调试服务人员吃得舒服，喝得放心。

(3)日常会议服务

为协调各专业工作，更好地完成综合调试服务任务，将提供专门的会议室，便于召开协调联系会议，后勤保障组将负责会议室的日常管理及卫生打扫。

(4)交通工具

在调试期间，后勤保障组提供足够的车辆，配合调试工作的开展。车辆使用需填写派车单。

(5)其他服务

后勤保障组还负责调试所需的其他临时设施及物品的采购，包括卫生打扫工具、发电机及线缆、抢险救援器材、灭火器等消防器材、日常办公用品、调试现场的宣传标识、标牌的制作及安装以及其他临时工作任务。

九、车站值班员岗位职责

(1)信号设备在遥控时,时刻监视本站情况,有问题立即向动车调试室汇报并及时处理。

(2)信号设备在站控时,在行调的指挥下办理行车进路,并监视本站状况。工作中严格执行"一看、二办、三复查"的操作程序和"三盯、四及时"的工作制度,防止错发、漏发调度命令,错办、漏办进路(注:一看:看列车去向;二办:办理列车进路;三复查:复查所办进路是否正确。三盯:一盯列车运行情况,二盯设备运转状态,三盯列车到开时刻;四及时:及时办理接发车进路,及时处理行车中发生的问题,及时通知有关单位对设备故障进行抢修,及时向有关领导汇报行车中发生的问题)。

(3)提前熟悉动车调试室下发的下周调试、施工行车计划,并做相应的准备工作;对临时变更或增加的计划做准备。

(4)向行车调度员汇报本站对当日调试、施工安排的准备情况。

(5)本站调试或施工时,如试验单位不能与动车调试室可靠联系时,车站值班员负责试验单位与动车调试室间进行联系。

(6)接收、记录调度命令并转交调试、施工单位,并与其现场负责人保持联络。

(7)接受调试、施工单位请求并确认后报行调审批。

(8)填写本站工作日志。对施工的登记及注销进行记录。

(9)担当室外引导、手信号发车的任务。引导总锁闭办理时,负责到现场确认道岔位置。

(10)在动车调试室及本单位上级领导下,积极应对处理各类突发事件。

第二节　车辆与相关系统的接口

一、车辆与相关系统的接口

城市轨道交通机电系统包括以下子系统:车辆、供电、通信、信号、综合监控(ISCS)、自动售检票(AFC)、乘客信息(PIS)、屏蔽门(PSD)、动力照明、环控通风、给排水消防、门禁(ACS)、防淹门/人防门、自动扶梯(电梯)等。上述各系统既具有相对的独立性又具有相互间的密切关联性,使之在硬件连接上和软件协议上存在众多接口。其中车辆和信号系统是城市轨道交通的核心设备,轨道工程、供电系统(包括接触网)、屏蔽门系统、通信系统是关键设备,其他系统是保证列车安全运行和提高服务品质的保障设备。由图 2-12 可知,与车辆有密切接口功能的系统有:信号系统(ATC与车辆执行部件的协调),通信系统(车、地信号传输制式的协调),屏蔽门系统(车辆侧门开关信号与屏蔽门的一致性),供电系统(供电能力、弓网关系、受流质量),轨道(轮轨相互作用)。

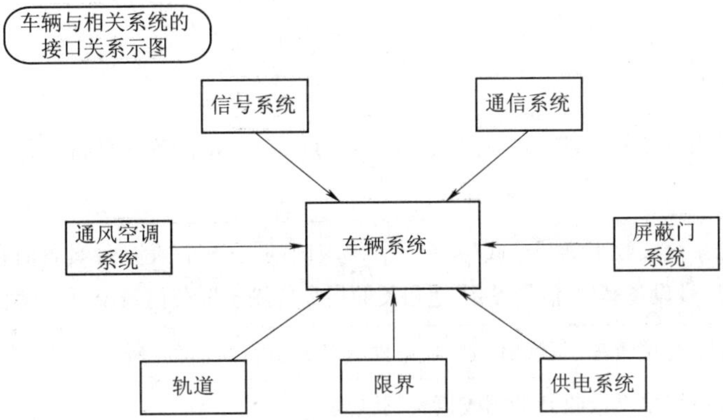

图2-12 车辆与相关系统的接口示意图

二、车辆与信号系统的接口

车辆与信号系统是城市轨道交通工程中最重要,也是最关键的两个设备系统,其接口功能见表2-12。

表2-12 车辆与信号系统接口关系

序号	接口功能
1	1.如果信号系统采用大容量数据传输的车-地通信方式,则车载信号系统可经过车-地通信设备将接收到的列车管理系统的列车故障信息传输给控制中心ATS系统及车辆段车辆维修中心,以实施报警。这些信息包括但不限于: 故障列车及有关车辆的编号; 故障列车及有关车辆的类型; 故障设备的名称及编码; 故障类型的编码及简介; 故障开始的日期及时间; 故障修复的日期及时间等。 2.车载信号系统接收列车管理系统提供的表示信息,在司机驾驶台上给出相关表示,这些信息包括: 车辆的动力作用状态信息; 列车完整信息等
2	列车系统通知车载信号系统紧急制动触发信息。车载信号系统需详细记录包括日期及时间的紧急制动状态
3	车载信号系统根据反馈的信号系统安全继电器(ZVR及EBR)的状态,确保系统操作的正确性

续上表

序号	接口功能
4	车辆为信号系统提供用于所有信号设备的 DC 110 V 带有断路器的电源： DC 110×(1±10%)V； 纹波系数≤5%； 电流>5 A
5	车载信号系统感知“发车”按钮按下持续超过 0.5 s，并在条件具备时以 ATO 模式启动列车运行
6	车载信号系统接收车辆“开”或“关”车门/屏蔽门的指令后，在条件具备时在不多于 0.5 s 时间内，经轨旁信号设备-车站信号设备-把相关的指令传输至屏蔽门系统，使其做出相应的操作
7	车载信号系统接收车门状态信号，在条件具备时进行所需的操作
8	车载信号系统根据接收到的驾驶模式驾驶列车
9	车载信号系统在感知无人折返按钮按下信号持续超过 0.5 s，并在条件具备时开始无人驾驶自动折返操作
10	车载信号系统感知持续施加停车制动信息以决定列车是否完全停下
11	感知前进/后退的指令
12	感知列车安全联锁继电器的状态，信号系统在收不到此信号时，将会产生紧急制动；安全联锁继电器的状态应为列车完整性、列车的制动系统完好性等的综合信息
13	接收到司机室激活信息，该端车载信号系统可根据各控制手柄操作指令作出相应工作。如司机室被关停，该端的车载信号系统不可输出任何操作指令
14	当失去列车发出的完整性信息后，车载信号系统必须即时对列车实施紧急制动，并同时向 OCC 发出报警
15	当“模式”手柄被推至“自动”模式时而客室门的开关控制及列车的发车控制(即“门控及发车”选择掣)也是在“自动”模式时，车载信号系统须按列车运行情况自动输出“客室门开”、客室门关”及“ATO 发车”的指令
16	车载信号系统在 ATO 模式下输出 PWM 控制信号，配合牵引/制动指令，控制列车运行根据信号系统供货商与车辆供货商在设计联络阶段确定的协议，车载信号系统向列车管理系统提供所需的信息
17	车载信号系统在感知列车停稳(速度小于 0.5 km/h)时，驱动 ZVR 继电器。车辆将此信号用于列车安全检查电路及列车车门控制
18	车载信号系统提供用于信号系统状态信息显示的显示器及输出信号(具体数量及类型须信号与车辆供货商协商)
19	车载信号设备在列车停准在站台(停车窗内)时给出客室车门释放信号：左门释放、右门释放或左门及右门释放信号。列车系统需收到车门释放信号后，才允许打开左门、右门或左门及右门

续上表

序号	接口功能
20	车载信号系统在正常情况下需保持紧急制动继电器(EBR)在驱动状态。如要进行紧急制动时,以紧急制动继电器接点断开作为触发紧急制动条件。车辆在接收到紧急制动要求后施加紧急制动
21	车载信号系统输出 PWM 信号用于控制列车的牵引或制动
22	显示列车实际运行速度及目标速度
23	车载信号设备连续监控列车速度,在人工驾驶模式下,当列车速度接近目标速度时,发出超速警告,提示司机,防止列车超速
24	列车在进行无人自动折返时,当所有需要条件满足时,向司机显示准备就绪的指示信号
25	在完成无人自动折返,列车停稳在站台正确位置时,发出开启客室车门的指令
26	提供接近信号设备的接地点:保护地和工作地,以满足电磁兼容性及漏电保护的要求
27	传递 PSD 状态信息给车辆,用于切断车辆牵引电流,并向司机提供 PSD 状态显示信息
28	特殊情况下,信号系统发出禁止牵引指令,切断车辆牵引电流,禁止列车启动
29	当列车在自动驾驶模式运行并选择自动关门时,信号系统须按实时情况激发此指令以关闭客室门。当列车不是在自动模式运行时,或选择人工关门时,信号系统不可激发此指令

三、车辆与通信系统的接口

1. 通话呼叫功能

(1)列车司机室设车载台,具有选呼功能;

(2)行车调度员可选择运行中的全部或部分列车,通过车载台,启动列车广播系统,对车内旅客进行广播的功能。

2. 数据传输功能

(1)固定台、移动台及调度台之间具有短信息传输功能;

(2)车载数据台通过数据接口,可将列车运行等数据以无线方式传送至控制中心和车辆设施与综合基地的各调度台上。

3. 显示、存储功能

(1)调度员可对无线用户的标识码、用户名、呼叫类型、通话内容、日期、通话持续时间等进行显示和存储,并随时可打印输出;

(2)调度台可显示组内所有组号和工作方式、呼叫类型(紧急呼叫具有明显的声光显示)以及其他必要的相关信息,其中车载台应可显示标识码及相应的车组号、车次号、司机号、并具中文人机界面。

4. 录音功能

(1)位于控制中心的多信道数字录音设备能记录所有调度员的通话信息;

(2)录音记录时长应大于 24 h,并可进行搜索查询。

四、车辆与屏蔽门系统的接口

车辆与屏蔽门的接口功能主要是通过车载信号系统和轨道电路与屏蔽门的接口实现的。车载控制单元 VOBC(VehicleOn boardControl Unit)设备将车门的开、关命令传送到轨旁,通过轨旁信号设备与屏蔽门的控制接口,实现屏蔽门与车门的同步开、关门控制,并保证屏蔽门的开、关门的安全。为防止列车车门未经许可而开启,只有在车站指定停车区域且列车停稳时才能允许开启车门。当 ATP 检测到下列条件同时具备时才允许打开车门:

(1)列车正确停靠站台;

(2)在规定区域列车停车;

(3)车速为 0;

(4)切除(断开)了牵引性能 PR 信号。

当停站时间结束、司机按压了关门按钮或 ATO 输出了关门命令后,ATP 将关门控制命令传送到地面、地面信号设备关闭对应的屏蔽门。地面信号锁闭监督屏蔽门的关闭状态,只有检测到屏蔽门关闭并锁闭后,才允许开发出站信号;车载 VOBC 检测到车门全部关闭并锁闭后,才允许列车发车。这样,通过车载设备和地面设备的共同控制,实现屏蔽门与车门的联动控制功能和安全保护功能。

五、车辆与供电系统的接口

城轨车辆依靠供电系统提供的电力沿线路运行,为保证全线列车在最大行车密度下按运行图运行时,每列车在启动、牵引、制动、巡航等各种工况下能安全可靠地得到高质量的电能供应,车辆专业和供电专业应协调好相互间的接口,提供设计时所需要的主要技术参数。

1. 车辆系统向供电系统提供的技术参数

(1)车辆类型、编组形式、车辆及辅助设备功率;

(2)初、近、远期列车启动电流;

(3)列车(电机)牵引力特性曲线;

(4)列车(电机)供电特性曲线;

(5)列车阻力特性曲线;

(6)列车制动特性曲线;

(7)列车(电机)再生电流特性曲线;

(8)列车输入功率曲线;

(9)列车(电机)效率曲线;

(10)列车功率因数曲线;

(11)列车自重、定员总重及超员总重；

(12)车辆取流方式(第三轨、架空接触网、地面供电)；

(13)受电弓的外形尺寸及工作宽度；

(14)受电弓的工作范围；

(15)受电弓静态抬升力的范围；

(16)车辆的动态包络线。

供电专业根据车辆专业提供的以上参数及线路专业提供的平、纵断面图，行车专业提供的列车交路图、列车编组和运行图、行车最高速度、旅行速度等可设计出能保证动车有良好供电质量的牵引供电系统及能保证弓(受电弓)网(接触网)运行安全和有良好受流质量的接触网悬挂系统。

2. 供电系统向车辆系统提供的技术参数

(1)供电电压及电压波动范围(最高和最低电压)；

(2)牵引变电所布置图；

(3)馈线保护方式及整定值；

(4)接触网类型、接触网高度、接触线拉出值等；

(5)车辆制动能量回收装置容量、安装位置及类型(能量吸收方式)。

六、车辆与限界的接口

城市轨道交通大部分建在地下，为节约投资，希望隧道断面尽量减小；另一方面，为增加车辆的载客量和提高乘客的舒适度，希望车辆的乘坐空间尽量大。为解决好这对矛盾，使两者的轮廓尺寸得到最佳匹配，许多国家对城市轨道的车辆限界、设备限界、建筑限界进行了研究分析，并制定了相应的标准。我国2003年制定了《地铁限界标准》(CJJ 96—2003)。车辆限界、设备限界、建筑限界是根据以下“限界”方面的定义制定的。

1. 设计截面：是指标称车辆截面的投影轮廓，它不包括任何诸如悬挂、高度、宽度及挠度等制造及安装公差，它是“限界图”中的“车辆轮廓线”。

2. 静态限界：是指已经造好的、新的、空载的、停在平直轨道上的车辆截面的投影轮廓，是由设计截面加上制造与安装误差而来的，即加上悬挂误差、挠度、高度与宽度误差、不对称的角度等。

3. 动态限界：是车辆在直线轨道上按规定速度运行时在计及车辆如悬挂部件的位移、车辆允许范围内的磨耗、外部侧风等因素的影响的情况下，车辆各部位偏离轨道基准中心所允许的程度，车辆运行时各点必须在此空间范围内，在限界图中为“车辆限界”。

4. 设备限界：是线路上安装设备的任何部分即使在计及了它们的刚性和柔性运动后也不得侵入的一个空间。它位于车辆限界之外，并与车辆限界保持一定的安全间距，用于车辆的一些未计及的因素，如车辆的故障情况。

5.建筑限界：是任何沿线永久性建筑物即使计及施工误差、测量误差及结构永久变形在内，均不得向内侵入的限界。

6.动态包络线：是车辆在平直轨道上正常运行时，在各种因素作用下，计入所有允许的轨道结构公差、维修公差及磨耗，车辆各点偏离轨道基准中心所连成一个包络空间，它不包括车辆在水平及垂直曲线的偏移。

7.扫掠包络线：是动态包络线的扩大，它包括垂直和水平曲线对车辆中央和端部的偏移的影响。

他们之间的关系为：以车辆的设计截面为基础，加上制造安装误差向外拓展得出车辆的静态限界；以静态限界为基础，考虑车辆的弹性部件的位移、允许范围内的磨耗和侧风等得出车辆的动态限界；在动态限界的基础上加上轨道线路原因（建设公差、维护限度和磨耗）造成的车辆偏移，得出车辆的动态包络线；以动态包络线为基础，加上适当的安全距离（车辆故障情况下未考虑的因素所需空间），从而可以确定车辆的设备限界；根据设备限界，加上设备安装所需要的空间得出建筑限界。

为保证车辆在设计的运营速度下在线路上（包括隧道内及高架和地面上）安全运行，必须使车辆限界与设备限界和建筑限界相适应，地铁限界是根据车辆轮廓线和车辆有关技术参数，结合轨道和接触网或接触轨的相关条件，并计及设备和安装误差，按规定的计算方法进行设计的。为此，车辆专业需向限界专业提供车辆参数及车辆轮廓线及控制点的坐标；接触网专业、线路专业需向车辆专业提供有关参数。

七、车辆与轨道的接口

城市轨道交通的轨道是车辆运行的导向和承受载荷的工程结构物。就轨道而言，应当确保车辆运行的安全、舒适性和持续不间断地运行，而对车辆而言，应尽可能减少对轨道的破坏，车辆与轨道相互依存、相互影响，在构造和性能方面应当相互适应。

八、车辆与通风空调系统的接口

1.车辆专业应给通风空调专业提供以下参数，以满足隧道通风系统SES模拟计算的需要：

(1)列车编组形式、列车长度、列车编组平面图、立面图和断面图。

(2)车辆头部形状及正面阻力系数、外表面摩擦系数。

(3)车载空调数量、制冷量及输入功率；压缩机数量及形式；冷凝器数量、外形尺寸及位置；冷凝风机数量及功率；通风量、新风量；冷凝器正常工作环境温度要求，极端条件下环境温度要求、出力特性及连续运行时间。

(4)车厢底部发热设备的数量和位置。

(5)牵引电机特性曲线、牵引计算阻力公式。

(6)牵引系统散热形式和散热量，辅助设备功率(包括照明、空压机、空调等)、散热形式和散热量。

(7)列车制动电阻器数量及分布、重量、有效尺寸，有效对流面积、辐射面积，元件的表面辐射率、制动电阻组件比热和格栅初始温度。

(8)每节车厢(空车)完全燃烧的发热量及蔓延速度，热释放速率或单位火灾面积释放速率。

城市轨道交通空调与通风系统应根据列车的散热量确定其技术参数，排出车辆散出的热量。

2.站台通风系统的风口位置：

为及时排出车辆散出的热量，站台隧道通风系统宜采用车站有效站台内轨顶和站台下同时排风方式，且排风口的位置应正对列车上部和下部散热部位，同时应考虑各排风口风量的均匀性，轨顶和站台下排风量比例一般为 6∶4。

第三节 调试计划网络管理

1.目的

联合调试的最终目标即是根据业主的一级节点计划，通过联合调试单位的合理组织、统筹安排，按时按质地完成联合调试任务，并顺利过渡移交给运营单位，保证地铁项目的顺利开通。因此，联合调试计划的编制、实施、管理和更新是联合调试的重要工作之一。联合调试计划既要充分考虑调试所需的工作时间，又要充分满足剩余施工安装所需的必要工作时间。根据建设单位提供的一级节点计划、各设备安装单位的二级节点计划以及运营单位的三权接管计划，制定出联合调试计划，并将其细化到月、周、日。然后由联合调试人员按计划组织实施，并根据每天的调试结果，进行动态调整，使整个计划有序进行。同时将调试以外的时间开放给剩余施工安装，将整个空间和时间充分利用起来。调试计划管理可以形容成时间和空间的艺术。在保证安全的前提下，将整个地铁线路的空间和时间充分分解，用以满足调试和施工的需求，见图 2-13。

以联合调试管理中的计划管理和调度指挥为核心，通过具有交互式、网络化的计划管理软件，使联合调试期间的调试与施工计划管理更加可靠、快捷，从而更有力地保证调试工作的顺利完成。

2.系统构成及整体功能

调试管理系统采用 C/S(Client/Server，客户机/服务器)模式架构，中心设置应用服务器，由系统管理员进行管理、配置和维护。施工单位、调试单位通过Internet访问服务器申请施工和调试计划。调度人员根据每日动车调试计划审批施工作业，如图 2-14 所示。

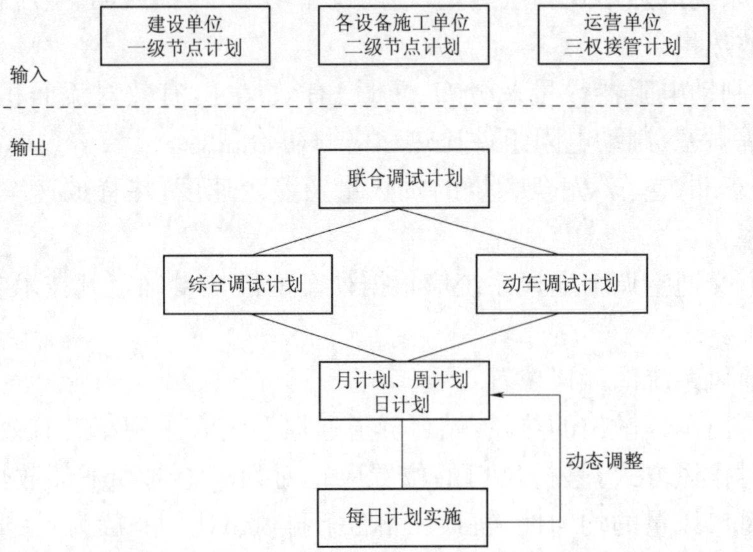

图 2-13　计划管理结构图

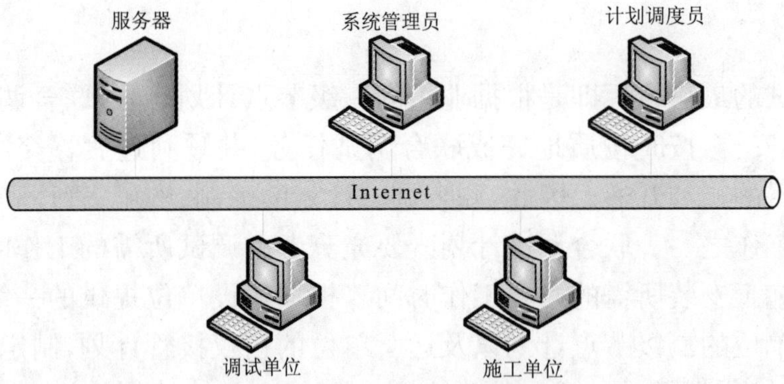

图 2-14　系统架构图

系统根据功能需要设置了 4 种角色，分别是超级管理员（system）、管理员（admin）、计划调度员（approver）和施工调试计划联络员（applicant）。各个角色间的关系如图 2-15 所示。超级管理员可以根据不同的线路情况，搭建起系统，并设置管理员、计划调度员、计划联络员等角色，同时赋予不同角色以不同的功能权限。一般由专业人员操作，不向一般用户开放。系统管理员是当前线路的最高管理者，一般由总调度长或中心调度室主任使用，可以发放计划调度员账号给调度员使用和审批计划联络员的准入资格，同时可以查询和修改每日的计划申请、审批情况。计划调度员角色由当班调度使用，根据每日的调试计划，修改线路情况示意图，审批施工、调试计划。计划联络员角色分发给工程的各个参建单位，由专职的计划联络员使用，用于提交每日的作业计划，同时查看作业申请的审批情况。

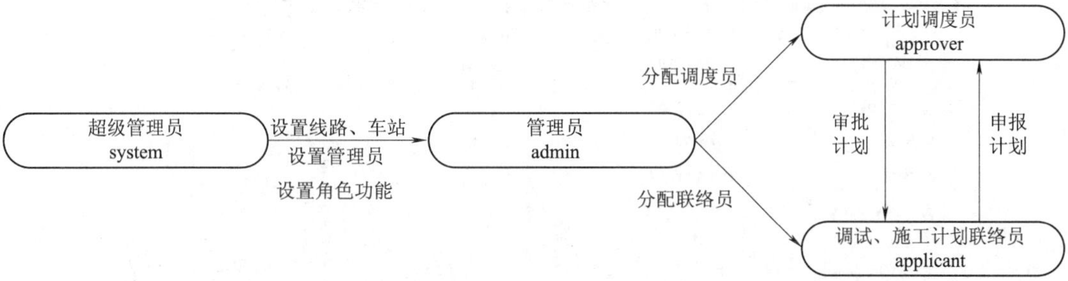

图 2-15 权限分配图

系统利用互联网和数据库技术建立，将各个角色通过互联网联系在一起。服务器一般设置在调度中心，同时配备系统管理员和计划调度员工作站。调试单位和施工安装单位的计划联络员可以通过互联网登录该系统，见图 2-16。

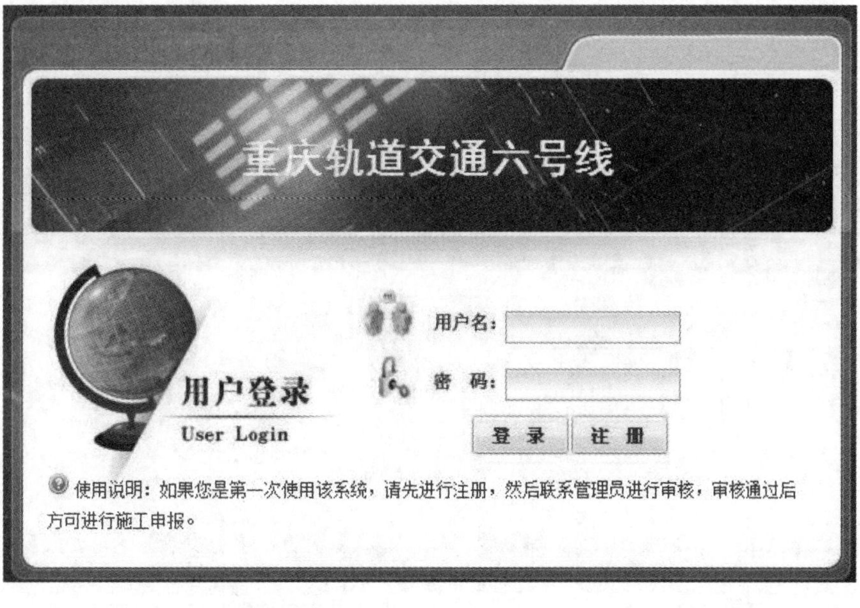

图 2-16 登录界面

系统功能主要分为施工申请管理、施工审批管理、管理配置、系统维护和系统帮助五大模块。各角色之间功能如图 2-17 所示。

下面以 system(超级管理员)为例，介绍整个系统的功能。施工申请管理模块主要包括新建施工和调试计划和查看已提交的申请表单，见图 2-18。

调试和施工单位的计划联络员可以新建计划申请单，填写作业申请表并提交计划调度审批，并打印审批结果开展作业，见图 2-19 和图 2-20。

图 2-17　不同角色登录界面

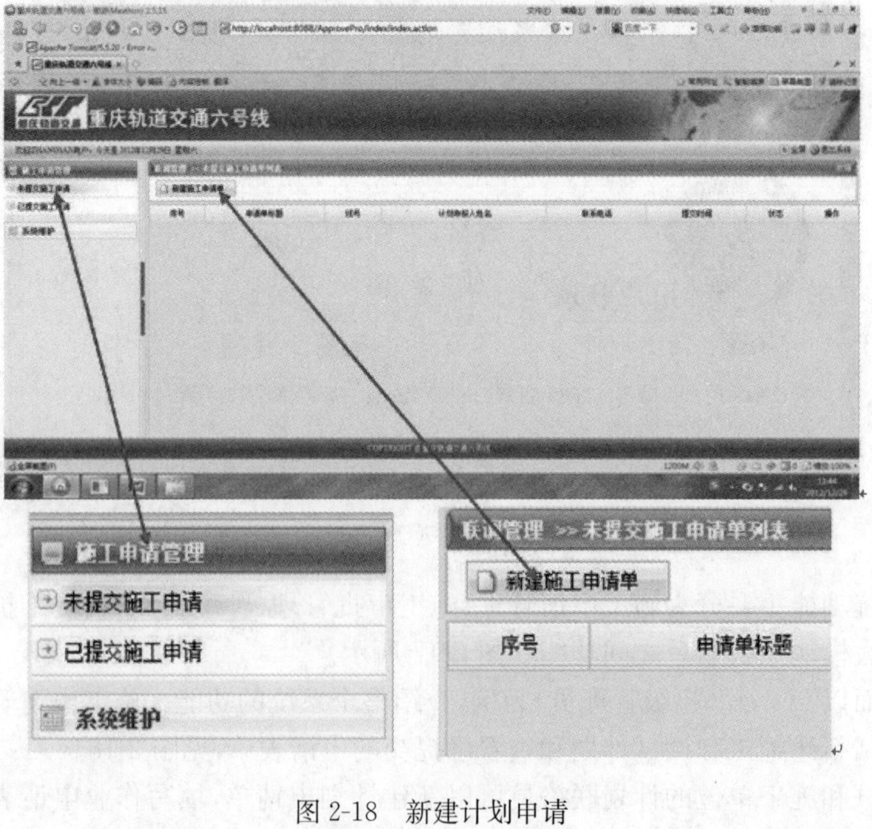

图 2-18　新建计划申请

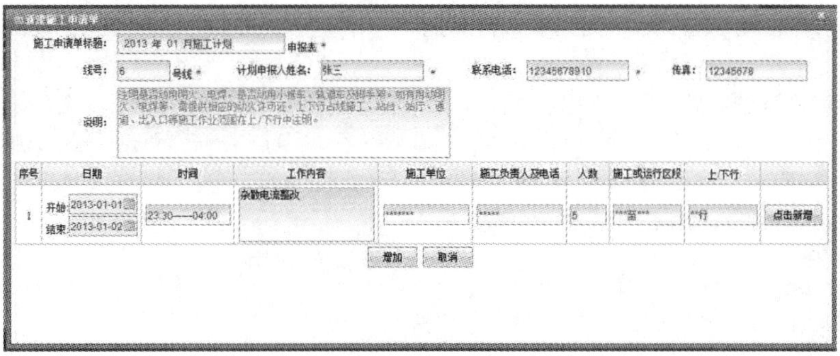

图 2-19　计划申请内容

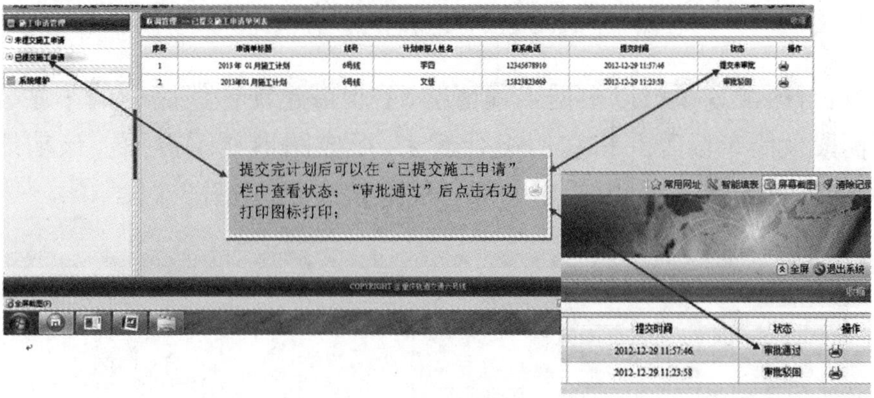

图 2-20　查看申请状态

施工审批管理模块是为计划管理人员提供的功能，包括未审批申请单和已审批申请单。调度员可以通过未审批申请单实时查看各家单位提交的作业申请，并对作业申请进行审批、驳回等操作。也可以通过已审批申请单项对已审批的申请进行统计操作，查询历史作业情况，见图 2-21。

管理配置模块是整个系统的核心模块，通过该模块的功能，可以为不同的工程项目设计出与之相对应的管理系统，极大地提高了软件的通用性，见图 2-22。

图 2-21　申请管理

图 2-22　管理配置

系统基本配置项主要是建立工程的基本信息，见图 2-23。

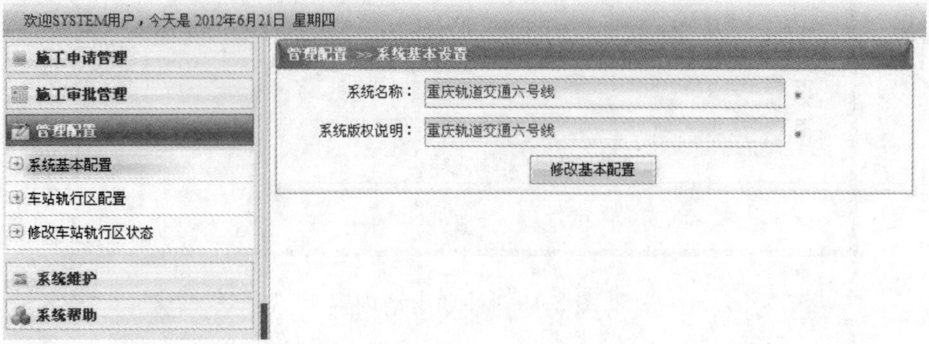

图 2-23　线路名称配置

车站轨行区配置项可以根据工程情况，手动搭建地铁线路中的车站、区间、变电所、车辆段及停车场等并将它们组合起来，形成图形显示界面。该功能使得软件的通用性极大的提高，可以适用大部分的地铁线路，见图 2-24。

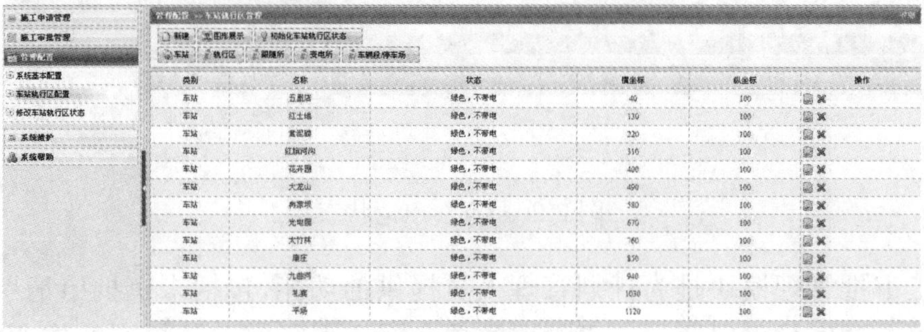

图 2-24　施工点配置

图 2-25 是重庆地铁六号线的线路示意图。

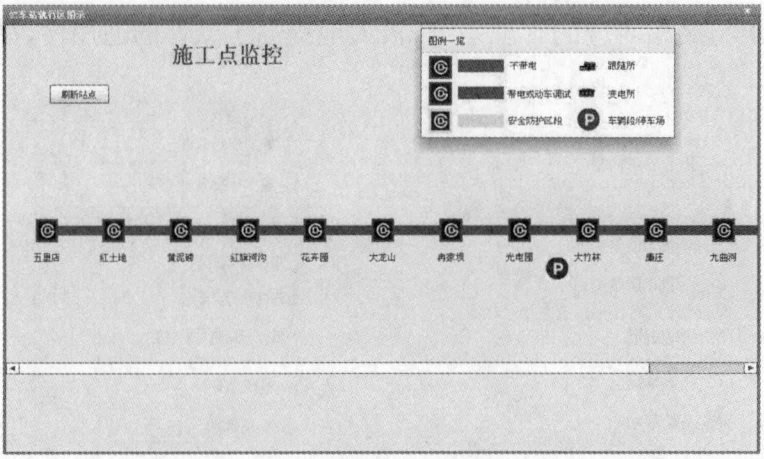

图 2-25　重庆地铁六号线的线路示意图

图 2-26 是北京地铁一号线线路示意图。

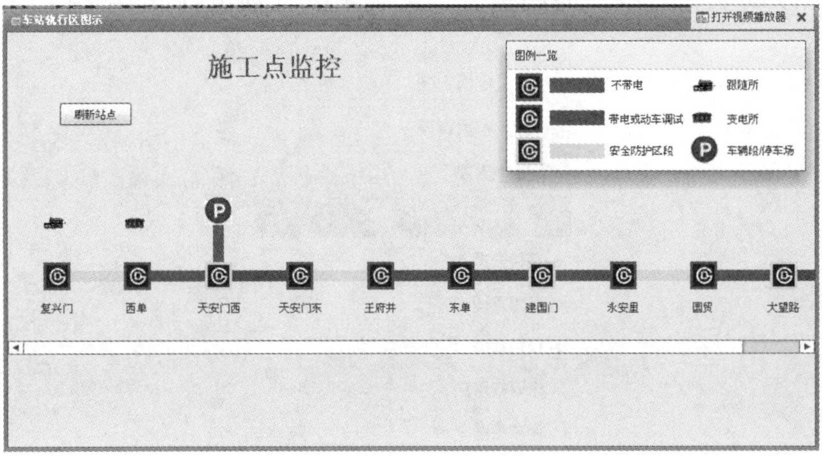

图 2-26　北京地铁一号线线路示意图

修改车站轨行区状态项，由调度员根据每日调试计划，实时修改占线施工与调试的空间状态，将动车调试或带电作业区域设置为红色，将开放施工区域设置为绿色，并留出相应的黄色保护区段。最终形成可视化界面，供相关人员查询使用，见图 2-27。

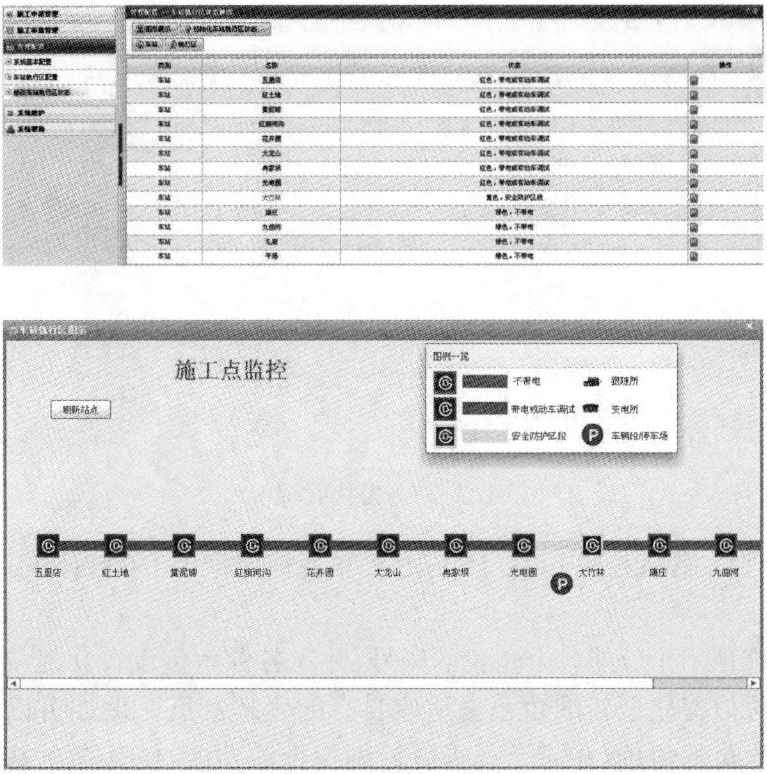

图 2-27　带电区设置

系统维护模块包含模块管理、菜单管理、角色管理、未审核用户、用户管理及修改密码六项功能。一般只向超级管理员和系统管理员开放，见图 2-28。

图 2-28　系统维护

模块管理项包括了系统功能的所有功能项，用户可以通过该项启用或停用功能项或修改功能项的名称及其父节点的继承关系，见图 2-29。

图 2-29　模块管理

菜单管理功能项是可以用于修改菜单名称及菜单的级别和继承关系等，见图 2-30。

角色管理项用于分配各个角色的账号，并为各种角色设置功能权限和菜单权限。同时也可以建立全新的角色来适应自有的管理制度。例如可以为系统添加一个车站值班员的角色，并赋予其查看计划审批的功能，使其在车站端作为现场管理者，管理调试和施工作业，见图 2-31和图 2-32。

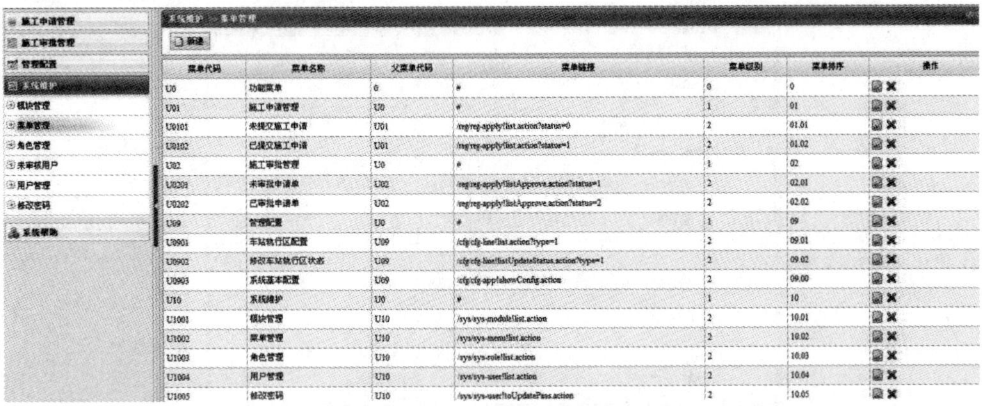

图 2-30 菜单管理

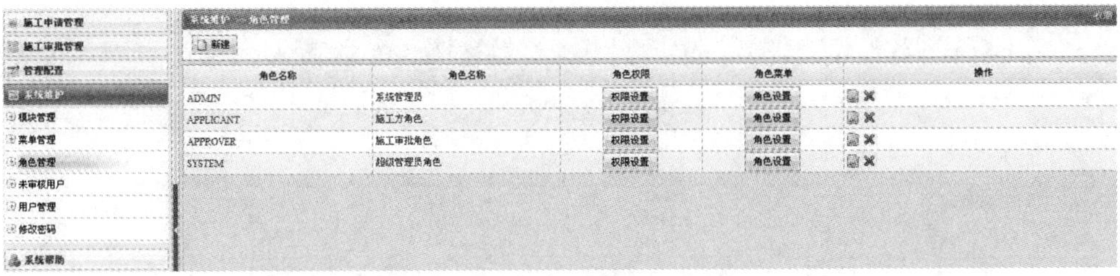

图 2-31 角色管理

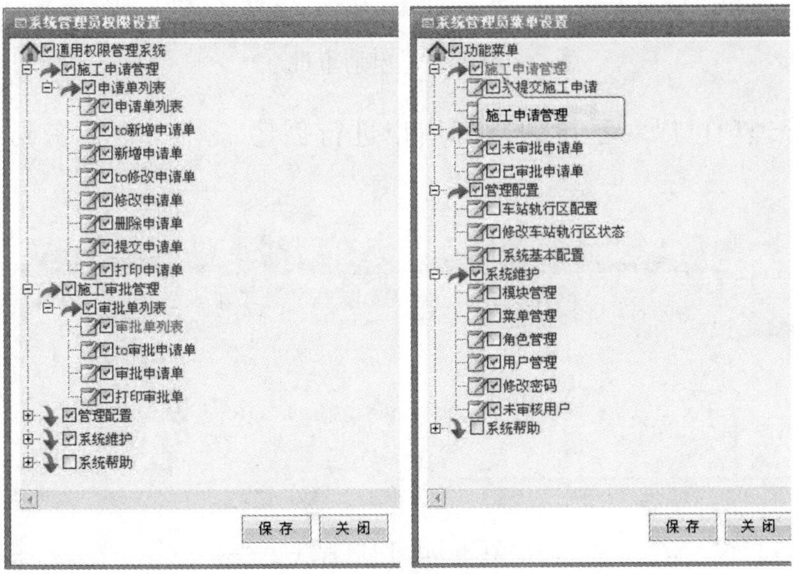

图 2-32 权限配置

未审核用户项用于管理员对申请注册的施工和调试单位账号进行审批。根据安全协议的签署情况，管理员对已签署安全协议的单位进行批准，使其可以进行正常的登录和计划申请，见图 2-33 和图 2-34。

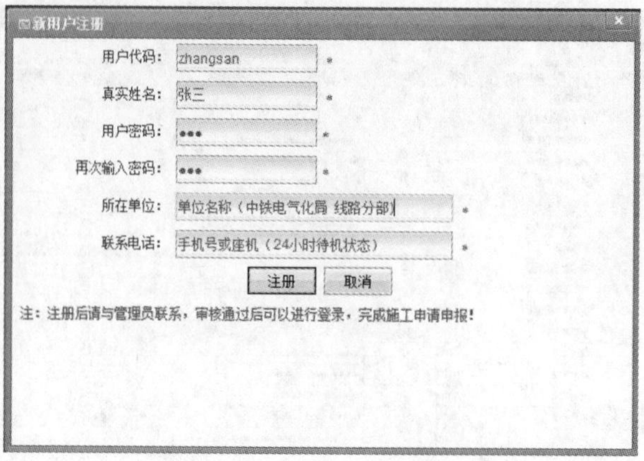

图 2-33　用户注册

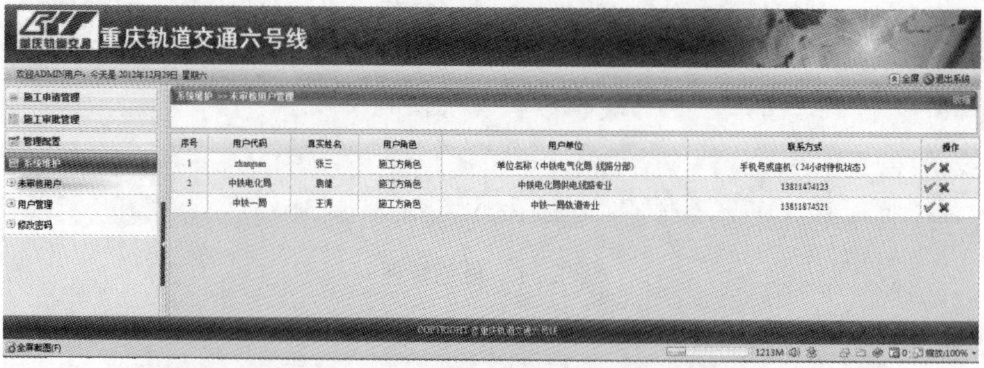

图 2-34　申请审批

用户管理项可以对系统的所有用户进行创建、删除、重置密码等操作，见图 2-35。

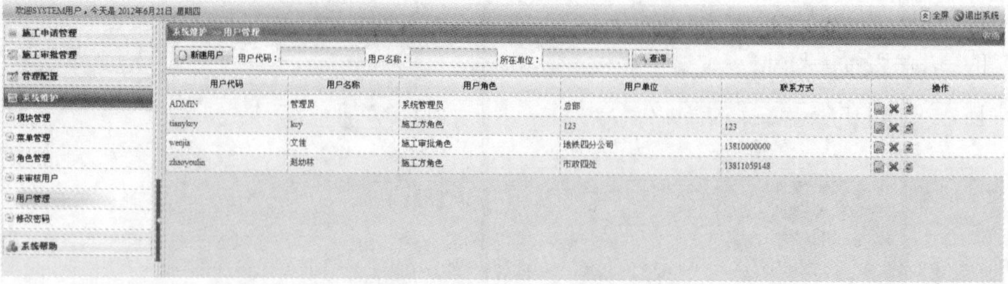

图 2-35　用户管理

修改密码项用于修改当前用户的密码，见图 2-36。

调试管理软件是针对地铁建设过程中的联合调试阶段进行开发，软件设计及使用具有很强的针对性。将调试过程中矛盾最多、工作量最大的计划管理工作化繁为简，利用信息技术将管理过程信息化、网络化、专业化，从而有效提高管理工作效率，并为参建单位提供了透明、便利的工作条件。

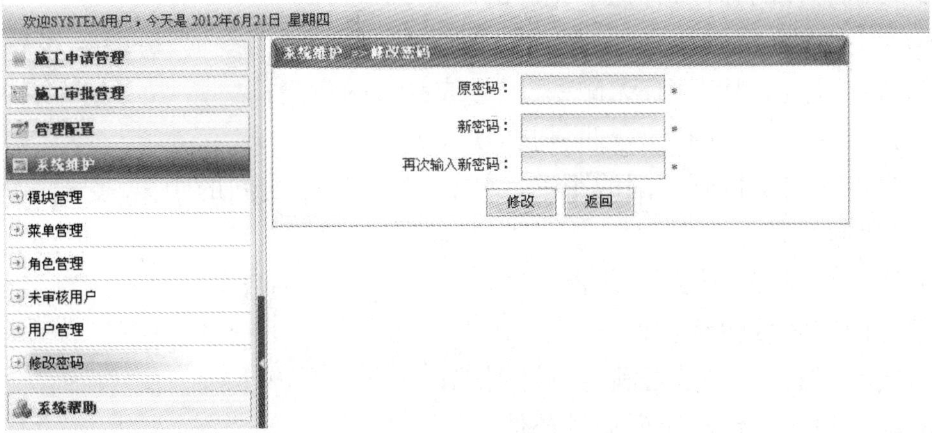

图 2-36　修改密码

调试管理软件的应用，有利于调试工作的标准化水平的提高，有利于调度人员调度指挥能力的提高，有利于整个地铁项目冲刺阶段的统筹协调管理，对保障地铁项目的按时按质开通，起到了十分重要的作用。

调试管理软件作为专业化的管理软件，在设计之初，就考虑其通用性和可移植性，用户可以根据工程项目的情况，设计出与之相对应的线路，具有很强的通用性。软件在提高工作效率的同时，还为调试项目节约了大量的人力成本和办公成本开支，提高了调试项目的盈利能力。

第四节　动态检测试验（冷滑试验和限界检测试验）

因采用弓网形式的供电方式其动态检测内容较靴轨形式复杂，本节假定电力机车取流方式为弓网。

1. 试验目的

动态检测试验的目的是在电力机车上线前对其行驶的必要条件做综合检测，其整合了冷滑试验和限界检测试验的各项检测内容并实现同时检测，还增加了车体振动检测、位移检测、定位点检测及弓网接触状态监控等相关误差补偿、过程记录的辅助检测项目，以达到提高检测精度、确保检测安全、节约轨行区占用时间和降低检测成本的目的。

2. 试验内容

动态检测试验是使用专用的动态检测设备在接触网不受电的情况下，依靠激光扫描测量系统、机器视觉技术、多普勒雷达等一系列传感器及真实受电弓对车辆行驶条件进行动态试验检查，其检测项目有：

(1)接触线导高、拉出值；

(2)接触悬挂的弹性，有无不允许的硬点；

(3)吊弦线夹、定位线夹、接触线接头线夹、中心锚结线夹、分段绝缘器、分相绝缘器、线岔等安装状态，有无碰弓、脱弓或刮弓的危险；

(4)接触线的质量，有无弯曲、扭转现象；

(5)受电弓与定位管之间的距离，受电弓与绝缘子之间的距离，受电弓与有关接地体之间的距离；

(6)定位点里程、跨度、高差；

(7)弓网实际接触状态；

(8)区间、站台限界是否满足设计要求；

(9)动态检测平台车体振动量补偿。

3. 试验方式

动态检测试验由轨道车拖拽无动力的动态检测平台完成，或由自带动力的动态检测车独立完成，如图 2-37 所示。检测流程如下：

图 2-37　动态检测平台

(1)动态检测试验的顺序一般是先区间后站场，先正线后侧线，先低速后高速。

(2)动态检测试验一般分三次进行：第一次为低速，在对接触网进行冷滑的同时完成限界检测试验，运行速度区间为 10～15 km/h，站场为 5～10 km/h。

第二次为中速，运行速度为 25～30 km/h。

第三次为正常速度。

(3)试验路径根据线路情况制定试验交路图。

4. 试验组织机构

(1)试验协调领导小组

试验协调领导小组负责协调解决试验过程中的重大事项,确定试验是否按计划进行。

(2)试验指挥部

试验指挥部负责冷滑试验的组织、协调、指挥工作,解决处理试验中出现的各类问题。

试验指挥部下设各功能小组,负责分区、分类处理具体事项。

1)车上试验组

职责:负责指挥试验车辆运行;负责检查、测量设备及土建结构限界;负责检查接触网状态;负责试验状态的确认;应急处理各项突发事件。

人员构成见表 2-13。

表 2-13 人员构成

序号	名称	职 责
1	指挥长	全面负责动车调试室安全、运行、管理工作
2	轨道车随车调度	监视进路正确,指挥车辆运行,注意行车安全,管理轨道车内秩序,保障轨道车内人员安全,服从平板车指挥员安排
3	轨道车司机	监视进路正确,服从随车调度指挥,正确驾驶轨道车,发出必要的安全提醒
4	检测平台操作员	操作检测平台,提前输入检测数据,必要时对检测平台进行人工干预
5	检测平台记录员	协助操作检测平台,确认侵限物体,如有必要及时叫停
6	清障人员(3 人)	清理导致轨道车及限界车无法通过的侵线物体,必要时可以采用不可恢复方式拆除
7	安全监督防护员	协助观察,制止不安全行为,轨道车开动前做出必要提醒
8	道岔操作员(2 人)	按计划进路操作道岔,确认进路正确,服从平板车指挥
9	试验调度指挥	指挥处理侵线物体,处理完成后指挥轨道车继续前进
10	相关设备技术人员	使用切割机、发电机等相关设备,听从清障人员及平板车指挥安排
11	土建单位项目经理	组织确认、处理试验过程中土建结构发生的问题
12	设备单位项目经理	组织确认、处理试验过程中设备发生的问题
13	设计总体	确认试验过程中出现的问题
14	监理代表	确认试验过程中出现的问题
15	建设单位人员	负责协调解决试验过程中的重大事项
16	运营单位人员	负责协调解决试验过程中的重大事项

试验期间为更好地组织管理试验参与人员，事先规定好试验过程中车上相关人员的具体位置，确保试验有序、顺利地进行。

轨道车上安排司机、行车调度员；检测平台上安排两名操作员，试验总指挥在检测平台上进行指挥工作；建设单位、设计、监理等参试人员，在服从安全监督防护人员安排的前提下自由选择观察位置。

试验期间所有人员统一听从试验调度指挥员口令。首先由试验调度指挥员通知车上安全监督防护员车辆即将启动，安全监督防护员告之车上参试人员做好准备，确认人员就位后报告试验调度指挥员。确认当前情况一切正常后试验调度指挥员发布行车命令，接到命令的轨道车行车指挥员指挥司机行车。试验车运行过程中，车上人员不得随意走动和探头瞭望，如发现类似危险情况时，安全监督防护员应对其进行提醒并阻止危险行为。在行车过程中遇到危险情况时，安全监督防护员可随时报告试验调度指挥员，由其下达停车命令，待危险隐患排除后方可继续行车。具体流程如图 2-38 所示。

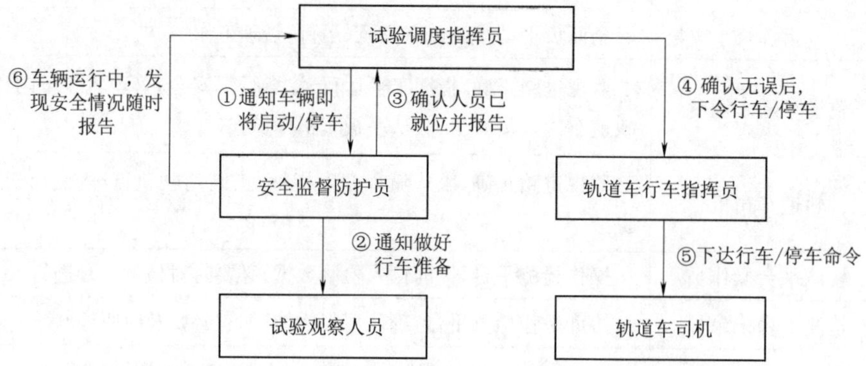

图 2-38　安全防护流程

2)安全保障组

职责:封闭试验线路或区域；登记、发放试验区域出入证件；试验区域安全巡查；安排会议会务；试验工作的后勤保障。

车站保安员每站站台层设置 2 名，分别监护车站两端上下行线路。

停车场及正线依据试验计划设置安全防护人员，对所有参试人员进行防护。

冷滑试验期间，根据试验安排以前一日开始封闭试验区段。

3)土建、设备保障组

职责:负责组织确认、处理试验过程中土建结构发生的问题；负责监控设备运行状况，组织确认、处理试验过程中设备发生的问题。

土建和设备保障组成员依据试验计划，派负责人在轨道车上跟随试验，并确认试验过程中的出现的侵限问题；同时在各车站设置专人，应对试验过程中发生的问题。

各施工单位应根据试验需要，结合本单位的具体情况，成立相应的指挥机构，组织协调本单位的试验相关工作。

(3)试验要求

1)试验应严格按预先制定方案进行，如遇特殊情况须变更试验方案时，应立即报总指挥，由指挥部研究决定。

2)为确保试验正常进行，总指挥视试验进展情况适时召开由各小组组长参加的协调会，解决试验过程中发生的各类问题。

3)试验中地面组应根据试验方案认真检查、确认试验路径、进路排列情况，及时与车上组取得联系；遇特殊情况时报总指挥，根据其指示进行处理。

4)车上组应根据地面组的通知，按照试验方案的要求下达发车指令，指挥试验车运行。

5)安全保障组负责试验沿线各站、地面线路的安全保卫工作，确保试验正常、顺利地进行。

6)各小组成员须根据所承担的任务明确分工，做好记录，各组组长负责联系工作，确保试验正常进行。

7)参试人员由总指挥统一指挥，不得随意离岗。

8)发生必须赴现场处理的情况时，应由总指挥指定安全监察组组织相关人员共同前往处理。

9)各参试单位应组织专门力量，并配好必要的工具、配件，在规定地点待命，随时处理试验中发生的各类问题。

10)参试人员必须按时到达试验地点，参加试验。

11)参试人员须佩带由责任单位下发的冷滑试验出入证。

12)各单位、各专业指定专人随车或在指定地点及时记录试验中发现的问题，并于总结会上汇报，提出解决办法或要求，由试验协调领导小组给出处理意见。

13)试验车上应配备维修人员，维修人员应携带必要的工具及配件，及时处理车辆故障。

5. 试验结果报告

试验结果报告一般为图片、曲线与表格形式。

(1)接触网几何参数报告

图 2-39 为接触网几何参数曲线报告，图中上部曲线横坐标为杆号，纵坐标为拉出值，十字标识点为定位点；下部曲线横坐标为杆号，纵坐标为导高，十字标识点为定位点。

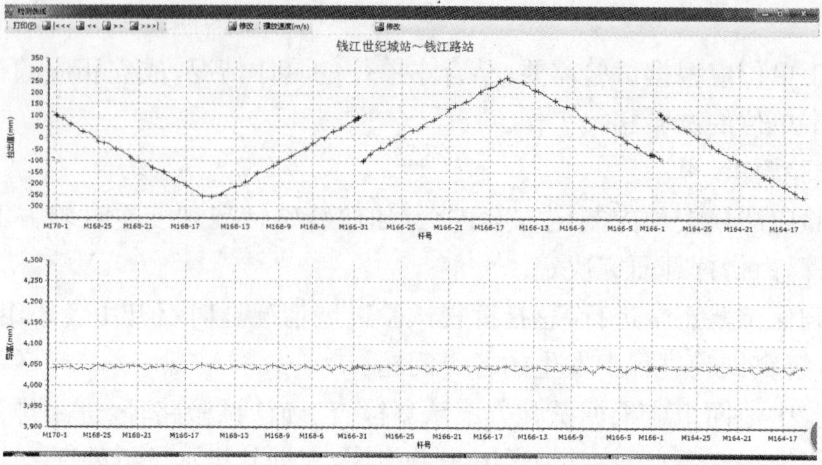

图 2-39　接触网检测报告(曲线)

图 2-40 为接触网几何参数表格报告,每一栏对应信息为一个定位点的杆号、拉出值、导高、定位高差、垂直高差、水平间距、弓网冲击、弓网振动。接触压力为可选检测项目,网压、网温非本试验检测内容。

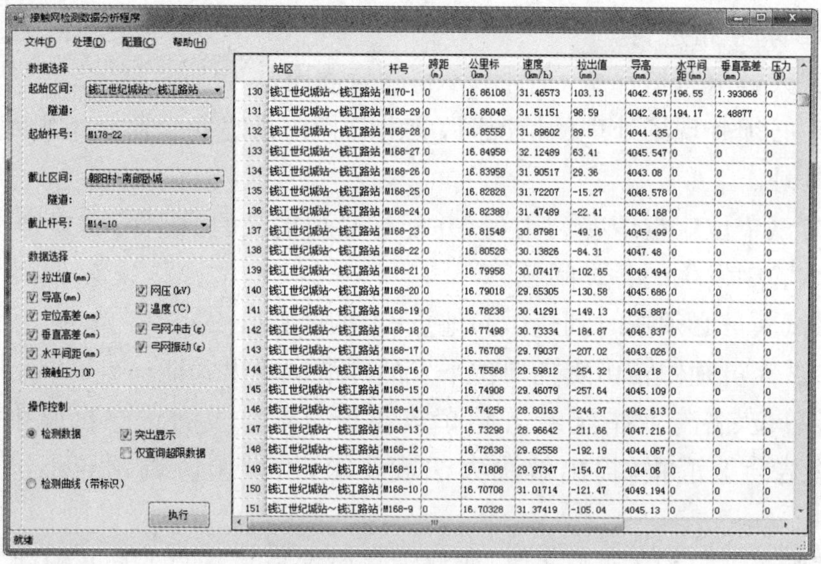

图 2-40　接触网检测报告(表格)

(2)限界检测报告

限界检测报告为图片、表格及可回放信息形式。图 2-41 为可回放信息界面,追溯侵限点高度、侵限点坐标及侵入限界距离,并可查看侵限状态模拟图。

(3)检测过程监控

检测过程监控为视频形式,可回放检测全过程中弓网接触状态,并可根据几何参数检测值定位回放点,见图 2-42。

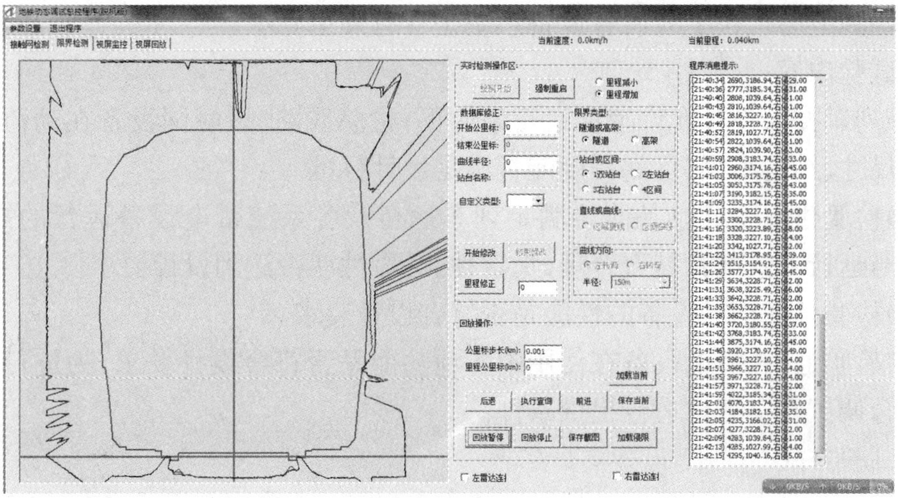

图 2-41　限界检测报告(图片)

图 2-42　过程监控(录像)

第五节　热滑试验

1. 试验目的

热滑试验是在地铁运营线路送电的情况下，依靠地铁试验列车自行运行，对地铁供电、信号、通信、线路、机电等系统设备进行全面检测的一种试验方式。主要用来检测电力机车上线后各设备系统是否有安全隐患。

2. 试验内容

(1)列车按照设计允许速度运行条件下，检验线路、接触网设备在动荷载作用下几何尺寸、结构牢固、可靠程度能否满足设计标准。

(2)检验供电系统设备能否满足列车运行及各系统带电设备运营的需求，继电保护与运行方式配置是否合理，稳定性、可靠性能否达到设计要求。

(3)检验地面信号设备的性能是否符合设计要求。

(4)检验通信、机电设备在使用中各项功能是否符合设计要求，为进行各专业系统综合调试和空载试运行提供条件。

3. 试验方式

热滑试验是在地铁供电系统正常送电条件下，电客列车自力运行进行的动车试验，试验流程如下：

(1)热滑试验的顺序一般是先区间后站场，先正线后侧线，先低速后高速。

(2)热滑试验一般分三次进行：第一次为低速，运行速度区间为 10～15 km/h，站场为 5～10 km/h。

第二次为中速，运行速度为 25～30 km/h。

第三次为正常速度。

(3)试验路径根据线路情况制定试验交路图。

4. 试验组织机构

(1)试验协调领导组

负责协调解决试验过程中的突发事件等重大事宜，确定整改事项及完成时间，确定下阶段试验是否按计划进行。

(2)试验指挥部

负责热滑试验的组织、协调、指挥工作，解决处理试验中出现的各类问题。

(3)为便于指挥协调，保证热滑试验的有序进行，成立地面组、车上组、土建组、设备组、安全监察组、后勤保卫组、应急抢险组。

1)地面组：确定发车时机等有关事宜及联系工作。

2)车上组：根据地面组的要求指挥试验车运行。

车上组人员安排见表 2-14。

表 2-14　车上组人员安排

序号	名称	职　　责
1	指挥长	全面负责动车调试室安全、运行、管理工作
2	行车调度	安排列车进路，处理停/送电请求，向电力调度发送停/送电命令并做好登记工作

续上表

序号	名称	职　　责
3	电力调度	听从行车调度的停/送电命令做出相关操作,并做好登记工作
4	随车调度	观测行车限界,保障行车安全,指挥电客车司机按进路前进,管理电客车内秩序,保障电客车内人员安全,服从行车调度指挥
5	电客车司机	听从随车调度指挥,按进路行驶,在列车开进、制动、加速时及时向车上人员提醒
6	限界观测员左	左侧限界观测,发现侵限物及时叫停电客车
7	限界观测员右	右侧限界观测,发现侵限物及时叫停电客车
8	记录员	负责记录侵限相关数据

3)土建组:负责组织专人记录及处理试验过程中土建结构发生的问题。

4)设备组:负责监控设备运行状况,组织专人记录故障机侵入限界情况,并组织处理试验过程中发生的设备问题。

5)安全监察组:负责安排试验过程中的安全保卫、参试人员的安全监护以及发生必须赴现场处理的情况下的处置工作。

每站站台层设置保安员4名,分别监护车站两端的左右线路,防止人员进入带电区域。

6)后勤保卫组:负责热滑试验参试人员的后勤保障供应,安排会议会务等工作。

7)应急抢险组:服从热滑试验指挥组指挥,负责处理热滑过程中的突发事件。试验期间安排1辆轨道车作为应急抢险车辆,在站台待命,随时接受调遣。

5.试验要求

(1)接触网停送电事宜

1)线路保障组责在试验前组织相关部门对试验线路、接触网进行巡视,并于试验前将检查结果报试验指挥部。

2)各车站于试验当日提前完成站线巡视,将结果报试验指挥部。

3)变电所完成对非受电区域的保护措施。

4)试验行车前通知电力调度员接触网送电,送电完毕后,报电力调度员。

5)电力调度员于试验当日负责本次试验线路接触网送电调度工作。

6)试验进行中,需办理接触网停送电事宜,由车上组组长向项目经理报告,根据情况由各部门按相关程序办理。

7)试验结束后,车上组组长通知行车调度,申请停电,电力调度下达停电指令,对接触网停电。

(2)进路办理流程

列车经过岔区时,联锁系统需要为列车办理进路,具体流程如图2-43所示。

(3)注意事项

1)司机严格按照车随车调度员指令,并与尾车司机联系,确认到达位置及运行交路后,凭允许信号显示运行。特殊进路听从随车调度员指挥,随车调度员通过手持台联系车站的值班员,人工确认进路后指挥司机行车。

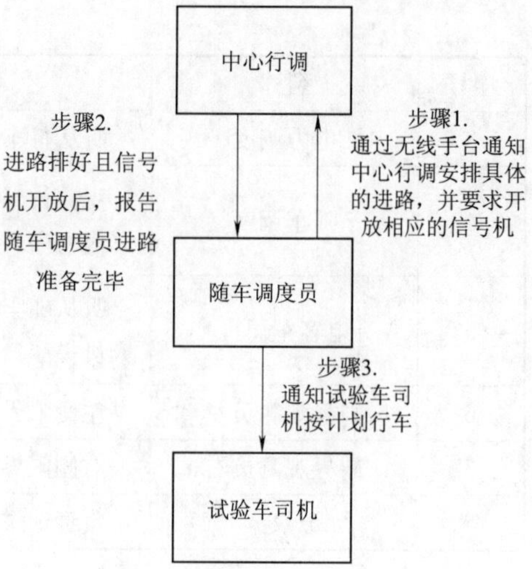

图 2-43　进路办理流程图

2)在列车行进过程中,进路监督员、随车调度员、司机应确认道岔位置正确。

3)试验期间,如需打开试验车门,由车上指挥员请示试验指挥组,得到批准后车上指挥员要求相关技术人员打开车门。车门打开时确保人员远离,处理完毕后车门立即关闭,确保"谁开门谁关门"。

第六节　信号系统调试

1. 调试目的

验证轨道交通信号系统功能及正确性。判断其 ATC(列车自动控制)功能完整性,以及信号系统对列车的控制是否能够满足列车安全运营的需要。

该工作由业主(建设单位)或业主委托调试承包商负责组织,信号系统承包商负责实施,相关单位配合。

2. 调试大纲

(1)车库内的静态测试

设备恢复;

前后驾驶台接口测试;

通过测试仪进行彻底数据传输测试;

TG(速度检测器)输入测试;

与牵引、制动的接口测试;

与其他厂家车载设备的数据传输测试。

(2)试车线内的静态测试

P-ATP(点式列车自动防护)显示测试;

DCU(门控单元设备)车地数据传输测试;

DCU 与 PSD(安全门)的数据传输测试;

门模式转换测试;

完整性测试。

(3)试车线内的低速动态测试

运行模式转换测试；

P-ATP 制动测试；

自动折返测试；

冗余测试。

(4)转换轨内的动态测试

轮经修正测试；

时刻修正测试。

(5)试车线内的高速动态测试

ATO(列车自动运行)定点停车测试；

P-ATP 控制测试；

自动折返测试；

列车区间速度调整功能(FNS)测试。

(6)信号系统测试

地面设备间的信号系统测试。

3. 调试详细项目及内容介绍(表 2-15)

表 2-15　调试详细项目及内容介绍

编号	测试项目	测试内容
1	**车库内的静态测试**	
1.1	**设备恢复**	
1.1.1	确认设备(模块・单元)的嵌入状况	以目视检查 ATP/ATO 机柜内的设备是否正常安装
1.1.2	测量车载应答器的安装位置	测量车载应答器的安装位置，确认安装位置在规定范围内。此外，与周围金属物的间隔也需在规定范围内
1.1.3	确认受电电压	测量 ATP/ATO 车载机柜的受电电压，确认在规定范围内(77 V～121 V)
1.1.4	确认内部电源电压	测量 ATP/ATO 车载机柜内各单元的电源电压，确认在规定范围内
1.1.5	确认装置正常(确认 LED(发光二极管)显示内容)	以目视检查 ATP/ATO 车载机柜内各单元 LED 是否显示设备正常工作
1.1.6	1.7 MHz 校核电平的确认	在逻辑部 MDT 单元的终端测量校核信号是否由车载应答器正常返回
1.1.7	接收电平确认	由安装在车载应答器上的信号发生器发射测试信号，在逻辑部 MDT 单元的测试端确认是否能接收到规定的电平

续上表

编号	测试项目	测试内容
1.1.8	功能(装配)确认,与车辆硬件接口确认	ATP/ATO车载设备至装配线间需进行导通测试,确保装配线的正确连接,与车辆硬件接口确认
1.1.9	异常预测试验	检测到因车载应答器连接电缆断线的设备故障。 车载设备内发生其他的故障、异常,从车载发送故障信息确认
1.2	**前后驾驶台接口测试**	
1.2.1	在前后驾驶台上安装测量仪,确认信息正常传输(正常试验)	向前后驾驶台传输线路上输出数据,用测量仪检查是否可以正常接收数据。并且,赋予钥匙条件至另一侧驾驶室,使继电器工作后进行同样的确认
1.2.2	在前后驾驶台安装测试仪,确认传输信息有无丢失的情况(异常、故障试验)	切断前后驾驶室间的传输线,确认设备并不会出现异常,但能检测到传输异常
1.3	**通过测试仪进行车地数据传输测试**	
1.3.1	在车载应答器上安装测试仪,确认可接收来自地面应答器的模拟信息	确认由测试仪发送的报文可由车载设备正常接收。以及通过车载测试仪确认从车载设备发出的报文可由测试仪来接收
1.3.2	在车载应答器上安装测试仪,确认改变模拟信息时的传输情况	通过测试仪任意改变报文,通过车载测试仪确认车载设备能正常接收
1.4	**TG输入测试**	
1.4.1	确认可接收到TG的信息(控制装置端)	断开ATP/ATO车载机柜上的TG接头,由信号发生器发出模拟的TG信号,确认逻辑部能正常接收到模拟的TG信号
1.4.2	确认接收到TG的信息(速度表端)	断开ATP/ATO车载机柜上的TG接头,由信号发生器发出模拟的TG信号,确认速度表能正常接收到模拟的TG信号
1.4.3	确认来自发射器的TG信息发生超出预想的变化时,能够接收到信息(控制装置端输入异常)	由信号发生器发出模拟异常的TG信号以及停止单侧的TG,确认逻辑部能检测到TG的异常
1.5	**与牵引、制动的接口测试**	
1.5.1	根据输入的TG信息,确认已向牵引、制动系统输出PWM信息	用测试仪在车载应答器上输入报文,模拟产生ATO模式,ATP模式。 输入模拟TG信号,确认PWM正常变化与输出

续上表

编号	测试项目	测试内容
1.5.2	根据紧急停车信息，确认可控制紧急制动线	操作驾驶台的紧急停车按钮，确认无论是MTO，ATO都会发生EB（紧急制动）
1.5.3	确认已经发出“牵引、制动的输出超过正常范围时的信息”	将测试仪连接到PWM线，使PWM的占空比为0%和100%时，牵引和制动设备不会导致危险动作
1.6	**与其他厂家车载设备的数据传输测试**	
1.6.1	确认能向MVB（多功能车辆总线）、DMI（显示设备）传输信息	确认与MVB、DMI的通信是正常的。并且确认在可能变化的范围内即使改变ATP/ATO车载设备的状态范围均可收到
1.6.2	确认向MVB、DMI发送信息时的丢失现象	断开MVB、DMI的传输线，确认数据传输中断时的显示和故障检测状态
2	**试车线内的静态测试**	
2.1	**P-ATP显示测试**	
2.1.1	根据显示信息，改变地面应答器的报文，确认接收信息的情况	使车辆低速通过T1地面应答器，确认车载设备所收到的报文内容是否正常。以及改变与地面信号相应的显示信息，以确认收到的报文是否正常
2.1.2	确认接收到基于停车信息的列车停车信息	在信号显示停止时，使车辆低速行驶通过有停止信息的T1地面应答器，确认能接收到停止信息和输出EB
2.2	**DCU的车地数据传输测试**	
2.2.1	在地面应答器上停车，确认能够接收到来自地面应答器的控制信息	使列车停在P0地面应答器上，确认正常接收从DCU发出的信息，并能正确控制开门
2.2.2	在地面应答器上停车，确认能够接收到来自地面应答器的显示信息	使列车停在P0地面应答器上，确认正常接收从车上发出的信息，DCU能正确接收
2.3	**DCU与PSD的数据传输测试**	
2.3.1	在地面应答器上停车，确认能够发送给PSD控制信息	使列车停在P0地面应答器上，确认从车上发出的开门信息使PSD能正确对门进行控制
2.3.2	在地面应答器上停车，确认能够接收来自PSD的显示信息	使列车停在P0地面应答器上，模拟安全门的故障，确认在车上能正常收到来自PSD的信息
2.3.3	确认接收到“地面/列车传输间歇性地发往PSD的控制信息”	将列车停在P0应答器正好能工作的范围内，使地面和车上的结合处于不稳定工作状态中，确认间歇信息接收状态下PSD的控制状态。

续上表

编号	测试项目	测试内容
2.3.3	确认接收到"地面/列车传输间歇性地发往 PSD 的控制信息"	如果不能很好地营造间歇性接收状态,可以把铁钉等物放置在地面应答器于车载应答器之间,强制造成不稳定接收状态
2.3.4	确认接收到"地面/列车传输歇性地来自 PSD 的显示信息"	在 2.3.3 项的情形,确认车载上显示信息的接收状况
2.4	**门模式转换测试**	
2.4.1	A.A 模式下门的开关确认	假设门模式为 A/A,通过 ATS 发送发车指令和发车预告指令至 DCU,通过 P0 传至车载设备,以确认车门的自动开,自动关
2.4.2	A.M 模式下门的开关确认	假设门模式为 A/M,通过 ATS 发送发车指令和发车预告指令至 DCU,通过 P0 传至车载设备,以确认车门的自动开,手动关
2.4.3	M.M 模式下门的开关确认	假设门模式为 M/M,通过 ATS 发送门开许可和发车预告信息至车载应答器,以确认车门的手动开和关。 此外,运行模式为 NRM 时,无论有无地面的门开许可,确认门可由手动来开关
2.4.4	车门检测到异物时的动作确认	假设门模式为 A/M,放些异物在车门处,车门自动再开后,确认门不会擅自再关和发生危险动作等
2.4.5	PSD 检测到异物时的动作确认	假设门模式为 A/M,放些异物在安全门处,安全门自动再开后,确认安全门不会擅自再关和发生危险动作等
2.5	**完整性测试**	
2.5.1	确认因完整性缺失导致安全性信息缺失的情况	切断输入完整性信息的输入线,确认逻辑部在认识到完整性丧失时会产生 EB。 此项测试在停车或低速进行
2.5.2	异常预测试验	检测到因车载应答器连接电缆断线的设备故障。车载区设备内部记录
2.5.3	动态响应测试	在规定的位置设置地面应答器·车载应答器,进行由车辆接收电平的测量,确认其在基准值内
3	**试车线内的低速动态测试**	
3.1	**运行模式转换测试**	
3.1.1	根据模式切换表,确认要进行模式切换时,相应模式可以实现切换。(P-ATP、P-ATO、RM)	进行相应模式的切换。 从 RM 模式,经过 T1 应答器,能否切换至 P-ATP。 从 P-ATP 模式,经过 P0 应答器,能否切换至 P-ATO

续上表

编号	测试项目	测试内容
3.1.2	根据模式切换表，确认模式切换无法实现时，进行操作无效	
3.2	**P-ATP 制动测试**	
3.2.1	根据显示信息，改变地面应答器的报文，确认接收到信息后产生列车控制模式（模式的生成和由模式进行的控制）	使车辆低速行驶通过 T1 地面应答器，确认车载设备能正确接收报文能产生控制曲线。并使列车行驶而碰到曲线时会制动
3.2.2	弯道限速·解除	
3.2.3	道岔限速·解除	
3.2.4	手动驾驶通过车站	使车辆通过地面 T1 应答器，能够接收到正确的报文，使之产生保护曲线
3.2.5	末端限速·解除	使车辆通过地面 T1 应答器，能够接收到正确的报文，使之产生保护曲线
3.2.6	确认已接收到停车信息，并进行停车处理	信号显示停车，使车辆低速行驶通过有停车信息的 T1 地面应答器，确认车载设备能正确接收报文和产生停车曲线。并使列车行驶而碰到曲线时会制动。 且使列车连续多次行走以测试停车位置误差
3.3	**自动折返测试**	
3.3.1	确认司机按下车载自动折返按钮后，列车开始自动折返（列车发车） ATS 配合测试	确认地上～车上间一连串的传送序列成立，且可以开始自动折返。 同时确认，在此状态下按下自动折回扣押后自动折回开始（车辆的出发）。 再有是改变门的模式等条件，重复多次，确认自动折返没有问题
3.3.2	确认折返点上，列车自动折返。 ATS 配合测试	以 3.3.1 项状态，确认在折返点列车的驾驶方向自动地切换，并自动地向相反方向出发
3.3.3	确认在折返结束时，列车停车 ATS 配合测试	执行自动折返的列车，确认在折返结束处定点停车。为测量停车精度的偏差，需运行多次
3.3.4	自动折返过程中，有紧急制动指令时，确认其恢复的动作（STEP1 由驾驶台紧急制动按钮执行）。 ATS 配合测试	确认正在执行自动折返时被按下紧急按钮，会产生 EB。 确认在 EB 按钮复位 15 s 后，重新开始执行自动折返
3.3.5	自动折返结束后，根据车门的模式，确认门的状态是打开还是关闭。 ATS 配合测试	自动折返结束后、确认分别切换车门的模式为 A/A、A/M、M/M 时均可正常对车门进行控制

续上表

编号	测试项目	测试内容
3.3.6	当自动折返条件不成立时，确认未实现自动折返	编写方向手柄和另方驾驶台等自动折返不成立的条件，确认全都不执行自动折返
3.4	**冗余测试**	
3.4.1	确认在车辆的前端装置发生故障时，后方会发出信息控制列车	使前方驾驶台的逻辑部，继电器部，I/F部，车载应答器模仿发生故障，确认故障部位和故障发生系(片系/两个系)在规定的范围内工作。 特别是车载应答器故障时，可由后方车载应答器的信息能继续正常运行
3.4.2	确认在车辆的后端装置发生故障时，控制状态不改变	使后方驾驶台的逻辑部，继电器部，I/F部，车载应答器模仿发生故障，确认与故障部位和故障发生系(片系/两个系)无关， 列车的控制不受影响
3.4.3	地面应答器数据采集	以通常行车速度通过地面应答器，测量信号的接收电平和噪声电平，确认信号接收状态的确认特定的噪声没发生
4	**转换轨内的动态测试**	
4.1	**轮径修正测试**	
4.1.1	通过轮径修正用地面应答器，确认数值在规定值以内时对轮径修正的情况	在规定值范围内的人为设定不正确车轮直径值，确认以此状态通过车轮直径校正用地上应答器时可得到校正
4.1.2	通过轮径修正用地面应答器，确认数值超出规定值范围时的轮径修正情况	在规定值范围外的人为设定不正确车轮直径值，确认以此状态通过车轮直径校正用地上应答器时不可得到校正
4.1.3	异常预测试验	如果有1个信息是未接收状态而超时，确认为信息的复位
4.2	**时刻修正测试**	
4.2.1	在转换轨的P0上停车，并接收到时间修正信息时，对修正的信息进行确认	预先拨乱ATP/ATO设备的时钟，确认通过转换轨后时钟恢复原状
4.2.2	在转换轨的P0上停车，未接收到时间修正信息时，对时间修正的动作进行确认	预先拨乱ATP/ATO设备的时钟，确认通过转换轨时若没收到时钟校正信息时时钟不能恢复原状
4.2.3	信息未确定的确认	时钟修正信息以在确定的状态时通讯中断时，确认为信息的复位

续上表

编号	测试项目	测试内容
5	**试车线内的高速动态测试**	
5.1	**ATO 定点停车测试**	
5.1.1	P0 停车时,按下发车按钮,确认列车发车	在 P0 上停车时,接到发车预告后,确认按下出发按钮能使列车正常发车和加速
5.1.2	确认通过收到 P1 应答器的信息及车载设备的相应动作	列车通过 P1 地面应答器时,确认至停车点的距离会正常更新
5.1.3	确认通过收到 P2 应答器的信息及车载设备的相应动作	列车通过 P2 地面应答器时,确认至停车点的距离会正常更新
5.1.4	确认通过收到 P3 应答器的信息及车载设备的相应动作	列车通过 P3 地面应答器时,确认至停车点的距离会正常更新
5.1.5	确认 P0 上的停车控制	ATO 运行时,确认不会因保持制动的停车精度恶化而不能实施定点停车的状态。 列车要运行多次,测量停车位置的偏差。 PSD 车门联动调试
5.1.6	通过 P1 而未接收到信息时,确认至停车点之间的距离	在 P1 地面应答器上放块钢板,使车载设备不能和 P1 通信,测量 P1 到停止点的距离误差。 此外,为正确测量因和 P1 不能通信引起的至停车点距离的误差,需运行多次
5.1.7	通过 P2 而未接收到信息时,确认至停车点之间的距离	在 P2 地面应答器上放块钢板,使车载设备不能和 P2 通信,测量 P2 到停止点的距离误差。 此外,为正确测量因和 P2 不能通信引起的至停车点距离的误差,需运行多次
5.1.8	通过 P3 而未接收到信息时,确认至停车点之间的距离	在 P3 地面应答器上放块钢板,使车载设备不能和 P3 通信,测量 P3 到停止点的距离误差。 此外,为正确测量因和 P3 不能通信引起的至停车点距离的误差,需运行多次
5.2	**P-ATP 控制测试**	
5.2.1	利用各车站的 T1 地面应答器,实施试验线上进行过的显示试验。 ATS 列车运行调整测试(扣车、调停、调整列车运行等级、提前发车、站停时间等)	根据点式 ATP,在全线进行往返测试。 由连接在车上的测试器,确认 T1 地面应答器能正常接收,ATP 曲线被正常更新。 全线往返多次测试,可更多地积蓄数据
5.2.2	利用车站的停车用地面应答器,实施试验线上进行过的停车试验	根据点式 ATP,在全线进行往返测试。各车站的出发信号机显示停车,确认通过 T1 地面应答器后,由 ATP 曲线来控制且不会超越重叠区间。全线往返多次测试,可更多地积蓄数据

续上表

编号	测试项目	测试内容
5.2.3	通过T2时，接收显示信息，确认曲线已经更新。 ATS运行图测试	根据点式ATP，在全线进行往返测试。 各车站不停车，通过T2地面应答器接收升级信号，由接在车上的测试仪确认T2地面应答器正常接收和ATP曲线得到更新。ATP曲线对不停列车的速度无影响。 全线往返多次测试，可更多地积蓄数据
5.2.4	试车线内正常行驶试验	点式ATP模式，试车线内正常往返测试，由连接在车上的测试器，确认T1地面应答器能正常接收，ATP曲线被正常更新
5.3	**自动折返测试**	
5.3.1	在正线上的车站，实施试验线上进行过的自动折返试验	驾驶台的自动折返按钮按下可开始自动折返，测试侧线上的列车折返到月台定点停车。 同时可改变门模式等条件，反复实施测试，以确认有关自动折返没有问题
5.4	**列车区间速度调整功能（FNS）测试**	
5.4.1	确认在各车站P0停车时，分别接收到F信息、N信息、S信息，以调整列车的区间速度	用点式ATO模式驾驶，在全线往返各站停车。 这时，始发站推迟出发使之发生延迟而采用F信息，反过来，在始发站提前开车此后用S信息，通常为N信息的。 由N信息保持定时运行的功能，F信息恢复延迟的功能，S信息解除早到的功能。 因为关于FNS的各信息需要多数的数据，在时间允许的范围极力增加行车次数
5.4.2	确认在各车站P0停车时，没有收到任何F、N、S信息时的动作	用点式ATO模式运行，确认F,N,S全都不能接收的情况下以N方式运行。 通常是不可能的模式，不过，因使用ATS或DCU测试用程序，在故障时同样进行确认。 此测试，各站最少执行1次
6	**信号系统测试**	
6.1	**地面设备间的信号系统测试**	

第七节　车辆试验

一、试验目的与要求

1. 为验证车辆设计的正确性和产品性能，列车在制造完成后投入使用前，应在首列车上完成合同所有规定的试验。

2. 除合同规定的外，试验应在制造商工厂和用户现场共同确定的地点进行。

3. 试验应由制造商和用户共同确定的、具有承担车辆试验资质的第三方承担。

4. 试验前应根据 GB/T 14894—2005 或 IEC 61133 制定试验大纲，包括例行试验大纲和型式试验大纲。

5. 首列车型式试验完成后，需提交试验报告。试验报告至少应包括原始数据、试验方法、试验设备、评定标准、计算公式、图表、试验结果与技术规格书中规定容许值的比较、误差分析和结论等。

二、试验项目

1. 列车试验

(1)型式试验：以证明其设计的正确性和产品性能。

(2)出厂试验：对相同设计的产品进行的试验。

(3)研究性试验：仅为获得信息而进行的试验，研究性试验项目不作为验收项目。

2. 型式试验

(1)部件型式试验

首次生产部件的型式试验，需在制造商或部件供应商的工厂内进行(除某些需在用户现场进行的项目外)。型式试验的部件至少须包括：

①车体；

②转向架；

③制动系统主要部件；

④车门及其驱动机构；

⑤主逆变器；

⑥辅助逆变器；

⑦牵引电机及传动装置；

⑧蓄电池；

⑨空气压缩机及过滤器；

⑩空调机组；

⑪列车控制和诊断系统；

⑫受流器；

⑬车钩；

⑭贯通道；

⑮高速断路器；

⑯一系、二系弹簧；

⑰广播和乘客信息显示系统。

(2)整车型式试验

①型式试验的产品为1台,主要功能全部达到合同标准规定值时则视为合格。如有试验项目中的主要功能未达到规定的要求,则需至少另取2台同批的产品进行试验。在这种情况下,如果仍有产品未达到标准规定值,则该产品被视为不合格。

②所有型式试验应在制造商和用户双方同意的第三方检测中心执行。

③列车试验:

列车制造完成后投入使用前的型式试验,要求首列车在用户实际线路上进行,试验内容以合同文件和GB/T 14894—2005为依据。如果设计、工艺、生产场所、材料有所改变,型式试验及相关的列车试验将重新进行。

试验前需制定试验大纲。试验大纲包括试验项目、试验方法、试验设备、仪器、仪表、时间安排、应用标准、评定标准、数据采集和处理方法等。

型式试验完成后,需在试验大纲中规定时间内提交试验报告。试验报告至少应包括如下内容:

①原始数据;

②测量规则(试验方法、试验设备、评定标准等);

③计算公式;

④图表;

⑤试验结果与技术规格书中规定容许值的比较;

⑥误差分析;

⑦结论。

三、试验内容

1. 静态机械试验

(1)车辆各部(组)件组装完成后,检查车辆的外形尺寸,确认是否符合技术图纸的规定,确保在任何使用条件下不出现障碍。

(2)检查并确保所有连接件都已紧固、表面油漆符合相关标准要求。

(3)对那些需根据车轮踏面磨耗程度做调整的部件,需检查其调整范围。

(4)对因车轮磨耗、操作不当或悬挂装置损坏(如空气弹簧漏泄或橡胶弹簧损坏)可能引起的车体在一处或多处与转向架相碰的部位,应予以注意,并考虑其后果。

(5)按照GB 7928—2003的规定,测量在AW0和AW3两种负载条件下的挠性系数(型式试验)。

(6)使用桥式吊车或起重器检查车辆在设计起吊点提升车辆的能力(模拟试

验)。

2.称重试验

(1)测量车辆在 AW0 状态下的重量以及每个车轮作用在轨道上的垂直载荷(轮重)。

(2)悬挂装置:

称重试验前,预先调整悬挂装置,然后,列车需运行通过一段有不同坡道的线路,一系悬挂系统调整为正常状态,然后减速缓行到称重位置。

称重期间,不允许改变或调整车辆状态,也不允许人为地采用摇动、击打或其他方法改变车体和悬挂装置的状态。这种状态是车辆通过该线路时,由于悬挂装置各部件之间的摩擦所自然形成的。

对于型式试验,要求按规定连续进行 4 次完整的称重操作。车辆从两个不同的方向进入称重轨道各两次,以尽可能地消除因不均衡而引起的误差。

对于出厂试验,连续称重两次。

以称重记录数值的算术平均值作为测量结果,并在车辆履历簿中注明。每种车型最先两节车重量的平均值将作为此类车型所有车辆的外部标记重量。

3.门驱动系统试验

(1)对于型式试验,在下列各种负载条件下连续分别进行 1000 次周期门操作而无故障,负载条件的次序为:AW0—AW3—AW0—AW3—AW0。

驱动器的验证:测量关门压力;检验驱动情况;检验微动开关的动作情况;对每一门页进行车门动作时间的测量。

(2)对于出厂试验,在 AW0 负载状态下连续执行 10 次操作而无故障,并且验证开门及关门的时间标定。

4.耐压试验

(1)分别对三轨 DC 750 V 或接触网 DC 1 500 V 供电电路、AC 380 V 电路及 DC 110 V 或更低电压电路进行耐压试验。测试电压施加在电路和地之间,测试电压值按照 IEC 60077 标准,历时 1 min。当任一电路进行耐压试验时,所有其他电路原则上接地。

(2)被测试电路中的开关、接触器及继电器处于闭合或短接状态,尽量使被测电路成为一个完整的电路;由于某些原因不能得到完整的电路时,耐压试验分段进行。采取一切预防措施,以防止因电容或电感的影响而在某些部位可能出现的异常电压。

(3)进行耐压试验之前,用相应等级的兆欧表进行绝缘电阻检查。

5.辅助供电系统试验

(1)辅助逆变器试验(出厂试验)。

(2)检查辅助逆变器的控制信号(输入和输出信号)。

(3)测量辅助逆变器正常工作时的输出电压及其波形。

(4)按照设计次序启动各种机械负载(例如照明灯、空调、空压机),然后接通其他负载,重复4次。第一次启动时,最好电机为冷态。每次持续的时间、间隔为正常运行时启动和关断所需的时间。

6.低压电源试验

(1)检查低压电源系统中所有电源的空载电压和极性。

(2)接通和切断所有负载10次(仅为型式试验)。

(3)检查蓄电池充电装置充电、最大充电电流、最高电压、浮充电压和浮充电流(仅为型式试验)。

(4)蓄电池紧急负载试验(仅为型式试验)。

(5)进行辅助逆变器紧急启动(蓄电池电压过低或故障时)试验(出厂试验)。

7.检查DC 110 V、AC 380 V列车线检测首列车蓄电池正极和负极的电压值(仅为型式试验)。

8.主回路电气设备操作试验(出厂试验)

(1)检查VVVF逆变器的控制信号(输入及输出信号)。

(2)检查受流器的高度及弹簧的工作状态。

(3)检查高速断路器和线路接触器的接通与分断是否正常。

(4)检查各种保护装置及继电器的整定值的正确性。

(5)检查DC 750 V电缆的固定情况,检查电气间隙和爬电距离。

(6)记录线路滤波器的充电和放电时间。

9.噪声测量

(1)在不同的运行工况下(包括启动加速、惰行和制动),同时在司机室、客室和车辆外部测量噪声。

(2)噪声特性:

①对产生噪声和振动较大的设备,如逆变器、空压机组、空调机组等,分别进行噪声与振动试验。

②除非有其他说明,噪声是指声压级(A)。

③对于噪声的试验和测量,采用符合GB 3785要求的声级仪,测量方法按《轨道车辆外部噪声的测量》(ISO 3095)和《轨道车辆内部噪声测量》(ISO 3381)的规定实施。

④当测量噪声时,在具有轨枕、且表面无凹凸纹波缺陷的钢轨上进行。

当检查、验收人员发现有异音时,可以要求按相关规定重新进行噪声测量,制造商将按要求执行。

10.接地线和回流线检查

(1)车辆上的接地线和回流线的电气连接良好,包括用于固定车辆各种带电回路和机械部件的电气连接；用于防止轴承受电流腐蚀影响的电气连接；用于保护某些电路正常工作的电气连接。

(2)检查软连接线的连接情况。这些连接线具有适当的长度，以便在连接点可做最大的相对移动；这些连接线还有足够大的导体截面，而且其接线端子易于接近、牢固，并有足够大的接触面。软连接线及接地处不得焊接。

11. 压缩空气设备的气密性检查和运行试验

(1)空气压缩机运行后，检查其安全保护装置、压力调节装置、截断塞门、排水阀、空气干燥器、压力传感器、压力开关是否处于正常状态。

(2)对风缸充气，直到达到最大的工作压力，然后将其与空压机隔开，检查总风管的泄漏量；此时各种使用压缩空气设备，包括制动缸带有气压，但不动作，并与总风缸隔离。

(3)测量总风缸容量。列车停在平道上，接通空压机电源，对各风缸充气，检测总风缸容量。

12. 空气制动系统检查

(1)将制动缸施加最大工作压力，然后将其与压缩空气源分开，5 min 后，制动缸的压力降低不超过 10 kPa。

(2)检查制动系统是否符合规定的图纸。

(3)检查供气系统是否已经调整到能以技术文件规定的压力与速率对管道和风缸供气。

(4)检查整个空气制动系统的特性是否符合相关规定，特别是在不同的操作条件下(紧急、常用和快速制动)施加制动和缓解的时间，测量制动缸压力上升和下降的时间，以及制动缸的最大压力。

(5)检查滑行保护装置的性能(型式试验)，静态功能试验作为出厂试验执行。

(6)检查停放制动的性能(如操作条件、施加的制动力等)是否符合相关规定要求(型式试验)。

13. 车下设备通风冷却系统检查

检查强迫冷却空气的输入和输出速度(或流量)、压力(型式试验)。

14. 工作条件和舒适性检查

(1)检查司机室的环境，应符合如下几点：

①瞭望方便，司机坐在规定的位置，易于瞭望轨道、车站和所有信号；

②照明装置满足相关规定的要求，平均照明强度达到规定的值；

③在阳光照耀下或晚上，都能清楚地看清仪表和指示灯，光线的反射不会影响司机的视觉；

④指示灯与照明灯都不能在前窗上产生反射，以防产生信号错觉或其他不良影响；

⑤所有控制器都易于操纵；

⑥门和窗装配良好；

⑦刮雨器工作正常；

⑧前照灯的照度和照射距离符合相关规定的要求；

⑨运行灯的控制逻辑正确。

(2)客室环境需满足如下几点：

①照明符合相关规定要求；

②门的功能正常，且不会对乘客造成伤害；

③客室通信系统工作正常，且不会相互干扰。

15.空调系统的试验(型式试验)

(1)目视检查。

(2)室温控制试验。

(3)故障诊断系统的试验。

(4)测量。

①司机室和客室的总进风量、客室新风量，在车辆静止和运行时进行。

②车辆静止时，司机室和客室的温度和温度分布的均匀性，在AW0、AW2负载的车上进行。

③空调机启动后，司机室和客室的温度与时间关系曲线的记录。

④司机室和客室的风速和气流的均匀性，在车辆静止和运行时进行。

⑤司机室和客室的相对湿度，在AW0、AW2负载的车上进行。

⑥只有空调系统工作时，车辆内部和外部的噪声(静止)。

(5)空调工作时，检查是否有冷凝水流出和泄漏，车辆静止和运行时在AW0、AW2负载的车上进行。

(6)上述试验在发运前由制造商进行，用户认可。

(7)紧急通风系统的试验。

检查并保证通风系统符合相关规定要求，新鲜空气的流量达到规定值(仅为车辆静止状态下的型式试验)。

16.车辆采暖试验

(1)在气候试验室中或冬季温度条件相同时进行，模拟环境为14 ℃(试验方法参照TB/T 1676—1991)。

(2)测量司机室、客室通风量。

(3)测量司机室、客室风速及风速均匀性。

(4)加热器和空调机开启后，记录司机室、客室温度与时间关系曲线。

(5)测量司机室、客室温度与温度的均匀性。

17. 车体和外部设备箱的密封性

(1)进行车体和外部设备箱的水密性试验时，检查所有的开孔、门、盖子、盖子密封条或缝隙，确保列车正常运行时水分不会浸入，以免引起电缆、电气设备及其他装置的损坏(仅为型式试验)。

(2)在所有设备不工作的情况下，进行水密性的出厂试验。

18. 安全措施和安全设备检查

检查下列项目：

(1)电气设备的安全接地；

(2)警惕按钮装置；

(3)紧急停车按钮；

(4)声响报警装置(如喇叭)；

(5)危险警告标记；

(6)速度表；

(7)消防设备(灭火器)；

(8)列车超速防护(ATP)；

(9)制动和门控制的安全电路；

(I0)其他(按 GB/T 14894 规定规定的内容进行)。

19. 冲击电压试验(研究性试验)

(1)测定车辆以最高速度 100 km/h 运行时，突然施加最大常用制动，车辆所受的冲动是否在合同规定值的范围内。

(2)车辆运行速度为 100 km/h 时，实施 7 级制动(带再生)，测得 2 s 后车辆的实际速度。测量有关数据和波形并确认同相电流值。重点检验制动时减速度的变化情况及前后方向的冲动情况。

20. 运行安全和运行平稳性试验(仅为型式试验)

(1)按照 GB 5599 的规定进行试验，试验方法及细节及试验地点在提交给用户的试验大纲中说明。

(2)进行试验时，检查有关安全运行的列车特性参数。

这些参数包括：

①防止脱轨的安全性；

②防止轨道移动的安全性(允许用计算机模拟)；

③防止对钢轨与固定装置及车轮和转向架某些部件造成过大的机械应力的安全性(允许用计算机模拟)；

④空气弹簧故障状态下的安全性试验。

(3)运行平稳性试验

运行平稳性试验在首列车上进行 3 次(型式试验)。在用户、制造商双方商定的试验线路上进行，列车到达用户后，须在线路上经过 5 000 km 的系统磨合运行。列车运行 15 万 km 以后，在用户的轨道上再次进行平稳性试验。

21. 运行试验

在有弯道和坡度变化的轨道上进行运行试验(型式试验)。

(1)列车以规定的速度通过规定的最小曲率半径的曲线，检查并确保列车运行不受限制或约束；检查并确保跨接电缆、气路连接、电机连线、回流线足够长；检查并确保由车轴带动的传动机构能正常工作。车辆在曲线上的移动情况，可在静止状态下，借助移车台、转盘或其他合适的设备，使一个转向架相对于车体旋转来实现。

(2)列车反向通过道岔曲线时，牵引、缓冲装置和贯通道连接处都不受束缚或挤压，试验时车钩处于完全拉紧的状态。

(3)车辆挂钩与解钩试验：

进行车辆挂钩能力试验、解钩试验。

(4)当列车在 AW0 负载条件下，以最大的运行速度通过规定的最大坡度时，按本条(1)所述有关内容检查。

(5)下列条件下车钩系统进行曲线通过能力试验：

①最不利的轨道条件；

②最不利的空气弹簧状态；

③最不利的曲线半径和速度组合。

22. 牵引和电制动性能试验(仅为型式试验)

(1)列车在 AW3 负载条件下，以启动—制动—停车的模式循环，各种电气、机械设备按规定正常运行。每隔 15 min，测量 VVVF 逆变器、辅助逆变器、牵引电动机的温升，当温升基本稳定后，正式进行以下的试验。

(2)列车仍以本条(1)的条件运行。此时采用适当的测试设备，在动车上自动记录列车速度、运行时间、走行距离、加速度、减速度、牵引和制动指令、制动缸压力、电网电压、输入电流、VVVF 逆变器的输出电压和输出电流及频率、牵引电机的转速、电机电流、牵引力、制动力和功率等数据。其中有些参数也可在相邻的动车上进行测量。

(3)在钢轨表面喷洒符合 UIC 541-05 规定的液体，列车以与本条(1)相同的条件和循环方式运行，检查空转滑行保护系统的性能，记录数据同上。试验中可以改变空转滑行保护系统灵敏度，以得到最佳性能。空转滑行保护系统效率按相关章节规定测定。

(4)再生制动试验：

按试验大纲中规定的列车载荷状态和试验线路条件、试验方法等进行。

(5)电阻制动试验：

在 AW2 负载条件下，列车速度从 50 km/降至 10 km/h，测定列车的平均制动减速度。试验线路条件、试验方法等具体细节在试验大纲中规定。

(6)再生制动/电阻制动的转换试验(吸收负荷中断试验):

在试验大纲规定的列车载荷工况及试验方法的条件下,再生制动自动转换到电阻制动。电网电压上升至 DC 1 000 V(三轨 DC 750 V 供电)或 DC 1 800 V(接触网 DC 1 500 V 供电)时;再生制动能量吸收能力不足或消失,转换到电阻制动。

(7)列车故障的救援试验:

一般采用救援列车推送被救列车方法实施救援,具体救援方法在试验大纲中规定。

23.空气制动试验(型式试验)

在平直无坡度、良好的线路及正常风速的天气条件下进行。试验之前,检查闸瓦间隙自动调整器、闸瓦是否良好地与车轮相配,并且进行适当磨合运行。

(1)制动闸瓦和车轮的热容量试验

列车在 AW3 负载条件下,按照预定的运行线路进行启动加速—惰行—减速—停车的循环程序,经规定的运行时间后,测量并记录闸瓦和车轮表面的温度。

(2)紧急制动/快速制动试验

列车在 AW0、AW2 和 AW3 载荷下,分别在 20 km/h、40 km/h、60 km/h 和 80 km/h 或按级差 20 km/h 至最高运行速度时,分别施加紧急制动和快速制动,测量其速度、减速度、空气弹簧压力、制动距离、响应时间、闸瓦和车轮踏面温度、制动缸压力和冲击率。每次试验后检查车辆状态,不得造成车辆零部件的损伤。出厂试验在 AW0 载荷条件下进行。试验在各种负载下进行三次,取三次测定的算术平均值。

(3)电空混合制动试验

在 AW0、AW2 和 AW3 载荷条件下,列车启动加速到 80 km/h 或最高运行速度时,然后施加制动;采用适当的测试设备安装在动车上自动记录列车速度、减速度、空气弹簧压力、运行时间、走行距离、电网电压、输入电流、VVVF 逆变器输出电压和输出电流、拖车上制动缸压力以及闸瓦和车轮踏面的温度。启动加速-制动减速-停车的循环时间、循环次数在试验大纲中规定。

出厂试验在 AW0 状态进行,试验方法在试验大纲中规定。

(4)在钢轨表面喷洒符合 UIC 541-05 规定的液体,重复在本条(2)和(3)中描述的试验,检查防滑系统的性能。

(5)停放制动试验

用机车牵引模拟验证停放制动的保持能力。

(6)用警惕按钮施加的紧急制动试验

在 AW0 载荷条件下,列车以 80 km/h 或最高运行速度运行,采用适当的仪器自动记录从警惕按钮信号发出到列车停下时的制动距离、制动时间、冲击率(仅为型式试验，出厂试验仅做功能性检查）。

24.受流器（受电弓）试验

当列车静止时，受流器（受电弓）静态接触压力的试验在随机抽样的车上测量。

25.干扰试验

（1）内部干扰试验（型式试验）

①主、辅电路中的接触器、继电器及其他干扰源动作时可能引起的对电子控制电路、故障诊断电路以及主、辅逆变器电子控制电路的干扰试验；

②主、辅逆变器之间的干扰试验；

③主、辅逆变器引起的对故障诊断电路和其他电子电路的干扰试验。

（2）列车对外部的干扰试验（型式试验在用户线路上进行）

如果由于有关分系统未能竣工，致使试验难以进行时，允许进行有条件验收。包括对供电系统的干扰试验、对信号系统的干扰试验、对无线和通信系统的干扰试验。

（3）外部对列车的干扰试验按有关标准进行型式试验

如果列车在用户线路上能正常运行，则表示外部干扰对列车无影响，亦可不进行此项试验。

26.供电中断试验（型式试验）

（1）高速断路器通、断试验

在AW2和AW3载荷条件下，列车以牵引方式运行，分别在下列条件下，连续断开高速断路器三次。试验要求如下。

①列车最大输入电流；

②VVVF逆变器输出最高电压以及辅助逆变器带有额定负载；

③最高运行速度试验以后，列车能继续运行，且没有任何损伤。

（2）列车通过断电区试验

以试验列车通过断电区时检测列车的状况。类似本条（1）所规定的试验（此时BHB断开）。

27.内部过电压试验（型式试验）

进行内部过压试验的方法如下：利用高速断路器或其他任何开关，如继电器、接触器之类，使它们在不同的电路条件下动作产生内部过电压，这样的试验将会重复数次，记录取最高电压值。

在车辆电路设计完成后，选择20个测试点进行试验。用自动记录仪记录内部过电压，并检查内部控制功能。

28.列车广播系统的试验

仅对有线通信系统进行试验，试验方法在试验大纲中规定。

29. 故障诊断系统试验

设置人为故障，检查并保证所有故障显示功能都属正常。试验方法在试验大纲中规定。

30. 第一列车运行试验(型式试验)

上述试验结束后，列车在双方认同的线路上进行运行试验，试运行里程至少为5 000 km(AW2负载)。特别注意齿轮装置的密封性。经5 000 km运行试验以后，在齿轮箱的分合面，没有任何可见的油渗出。

在运行试验过程中应记录：

(1)在每一运行试验中间和结束时，测量车轮、制动电阻和主、辅助逆变器的温度；

(2)记录空压机的工作小时和停机小时数；

(3)记录各部件的故障数和故障恢复处理情况。

31. 保护装置动作正确性试验

对各保护环节动作的正确性进行检查，验证保护的有效性。

32. 照明试验(型式试验)

用照度计检查车辆客室、司机室照明是否符合合同要求。

33. ATC系统的综合试验

(1)综合试验：

所有上述试验完成以后，在用户的线路上，由ATC系统供货方负责进行ATC系统的综合试验，包括型式试验、出厂试验。车辆制造商根据需要给予协助。关于信号系统各种试验的细节在信号系统的技术规格书中规定。

(2)车载ATP设备的功能试验，在设备安装好以后、发运之前由信号系统供货商进行；车辆制造商负责布线和安装检查。

34. 列车无线系统综合试验

(1)车载无线系统的综合试验在用户线路进行，由列车无线系统供货方负责实施，车辆制造商在试验中给予协助。关于车载无线系统各种试验的细节，在试验大纲中规定。

(2)车载无线系统的功能试验，由列车无线系统分包商规定并实施。车辆制造商仅对布线、安装进行检查。

第八节　隧道冲洗

1. 隧道冲洗目的

在城市轨道交通建设过程中，会遗留较多建筑粉尘，这些粉尘附着在隧道壁上或堆积在排水沟内，当联合调试阶段中的动车调试开始后，电客车行驶所带动的气流会逐渐将这些粉尘吹起，弥漫在隧道内，严重影响行车安全和调试人员的身体健康。由于在联合调试阶段隧道风机也处于调试中，无法投入使用，隧道内几乎是一个封闭空间，这些粉尘将长期存在于隧道内无法排出，甚至一段时间后，通过活塞风效应，这些粉尘将通过风机、安全门缝隙蔓延到整个车站甚至设备房内，当设备内粉尘堆积严重时，会引起电气设备短路、电气开关接触不良等现象。所以在联调方接管轨行区后将会对隧道进行多次冲洗，以确保调试环境整洁及工程移交顺利。

2. 隧道冲洗方式

隧道冲洗采用轨道车牵引专用的全断面隧道冲洗车进行，该装置能够完成隧道壁面、路基和排水沟的机械化清洗工作。隧道壁面可以全截面清洗，也可分段选择避开电气设备进行清洗，针对壁面与轨道的不同工况采用不同的清洗压力从而保证良好的清洗效果。

3. 采用的设备特点

地铁隧道水冲洗车由冲洗装置、高压水系统、低压水系统、液压泵站、水箱、发电机组、车棚及辅助装置等组成，由轨道车牵引，采用发电机供电的方式，对施工完毕的隧道可进行壁面、路基和排水沟的冲洗作业，该装置具有以下特点：

(1)全断面冲洗压力可调

该设备具备地铁隧道壁、路基、排水沟的全断面冲洗功能及轨道刷洗功能，可根据各条线路隧道轮廓及需要冲洗的范围调节喷嘴朝向，在保证冲洗面积的同时提高冲洗效果。

(2)喷头及刷盘的可控式伸缩

该设备配备一套液压系统用于驱动所有冲洗装置和刷盘装置伸缩，并可调节伸出量，整车在非工作状态下满足国内 B 型地铁车辆轮廓限界要求，保护设备及运营安全。

(3)压力可调的双水压系统

因隧道壁及道床上的粉尘附着力不同，部分设备外壳结构强度无法承受高压喷头的直射，所以该设备采用了高压、低压两套独立的水系统，低压系统冲洗隧道顶部和侧壁保证不损坏隧道内设备，高压系统与毛刷配合，冲洗、刷洗路基及排水沟上附着力大的建筑垃圾、淤泥等，并且高压、低压系统都可以在一定范围内压力可调。

(4)多喷头恒压同压控制

为保证整套设备不会由于水箱剩余水量以及开启的喷头数量变化而导致的水压变化，本套该设备通过变频控制、泵站水路的旁路控制和喷嘴数量的匹配，设计了水压和流量的自动控制系统，使得不同数量喷嘴工作时都能保持相同的压力，从而保证冲洗效果，并且实现水压系统的节能控制。压力自适应控制采用压力检测反馈的闭环技术实现，把系统实际工作压力和目标控制压力进行比较，对偏差信号处理后控制变频器的转速，改变泵的流量，通过喷嘴的阻尼特性保证喷嘴入口的压力达到目标控制值。根据喷嘴的压差—流量特性就可以确定喷嘴的冲洗流量，实现清洗效果和用水量之间的平衡。

(5)便携水枪补充清洗

对于需要临时冲洗的区域，采用便携冲洗水枪进行补充冲洗。

隧道冲洗现场见图 2-44。

图 2-44 隧道冲洗过程

4.隧道冲洗人员配置

隧道冲洗人员共 9 人，具体工作分配见表 2-16。

表 2-16 隧道冲洗人员工作分配

人员	人数(人)	工作分配
轨道车司机	2	驾驶轨道车，确保行车安全
随车调度	1	安排轨道车径路，监督隧道清洗工作，随时报告清洗进度
安全员	1	负责行车安全及施工安全，发现问题及时制止纠正
保洁(隧道冲洗)	4	随轨道车使用消防栓的水或用隧道清洗车进行隧道清洗工作
保洁(管理)	1	指挥隧道清洗工作，监督检查清洗质量，发现问题及时整改

5.其他单位配合要求

(1)隧道冲洗工作涉及单位：土建标、设备标、人防等。

(2)区间内排水情况应满足冲洗要求。

(3)地下区段如有易发生积水的地方。在冲洗后，应根据相关协定由责任方完成抽干隧道内积水的工作，为其后动车调试提供良好的线路环境。

(4)施工单位应将区间内的施工材料及施工器具堆放整齐，避免被当成废料清理。

(5)隧道冲洗前施工单位应做好各专业设备的污水防护措施，防止水淹损坏设备。

第三章　系统调试篇

第一节　系统调试管理与服务

1. 系统调试管理的主导思路

系统调试管理是在业主单位的主持下，在监理单位的监督下，在设计单位的协助下，在各系统设备总承包商的支持下，在各系统设备厂家配合下展开工作的，因此，系统调试工作涉及的专业和单位众多，组织协调管理复杂，管理和协调的工作量十分巨大，沟通与协调的好坏直接影响到系统调试的效率。因此，系统调试管理的总体原则是“安全、高效”。

系统调试管理工作是一项系统性的工作，它的管理工作相比于设备安装过程管理复杂，难以控制，因此，系统调试管理中采取“调前有计划，调中有记录，调后有总结”的主导思路，把隐性的系统调试工作透明化，做到调试管理有序可控。

2. 系统调试的计划管理

系统调试的计划管理是调试中十分重要的一个环节，首先要明确的是系统调试计划其本身就是一个复杂难以控制的项目，其调试过程受到多个环节的制约，因此，它的计划的灵活性、机动性特别高，对于系统调试计划的动态管理必须及时才能确保系统调试管理的高效。

依据系统调试计划管理的思路，在建设方（业主）的主持下，每周会召开系统调试管理工作例会，会议对本周的调试工作计划完成情况进行总结，并制定系统调试管理的下周工作目标，同时对本周系统调试过程中出现的技术问题进行汇总协调解决。系统调试管理周例会是系统调试计划管理的总体控制与把握。

3. 系统调试的现场管理

依据建设单位的系统调试指示精神和工程现场的实际情况制定了系统调试目标计划，根据现场的实际情况，系统调试的现场调试主要分为三个部分，第一部分为全线车站，第二部分为区间风井和隧道区间，第三部分为车站与中心调试，依据系统调试的目标计划安排，现场的系统调试配备各专业调试组，现场调试组要严格按照调试例会下发的调试计划进行现场调试，负责组织协调参加调试的人员及时、有效到位，保障现场调试的工作进度。

现场调试组中的各个成员由建设单位专业工程师、设计代表、监理工程师、调试组长和各系统设备的总承包及设备厂家调试人员组合而成，各系统设备总承包商要配备专人进行现场调试组的配合工作，服从调试组长的统一调度和指挥，对于现场调试过程中及管理中出现的问题需及时向调试组长进行沟通和反映，保障现场调试的顺利进行。

调试现场的设备众多，为了保障调试的有序进行和加强现场调试的管理，调试组对已调试完成的终端设备进行标记，同时对已调试完成的设备进行上锁管理，保障现场调试成果的高效可控。

另外，为了加快现场调试的进度，保障现场调试的通信是必不可少的。系统调试给现场调试组配备了足够数量的临时通信手持台，解决现场调试的通信问题，待专用通信无线子系统调试完毕后即可用专用通信手持台来进行现场和区间以及车辆和地面的调试。专用通信电话子系统的调试进度要提前进行，保障各站之间的通信。

4. 系统调试的过程记录管理

依据设计单位出具的监控点表和模式控制表以车站为单位制订专门的现场调试过程记录本，针对供电系统、通信系统、综合监控系统、安全门系统等其他系统之间的接口调试需现场调试人员认真填写现场调试记录，在系统调试进程中，凡是调试已确认完成的形成书面的调试记录并及时上报，由系统调试室对调试记录结果进行归档整理，最终形成成套的系统调试过程记录，便于后续的功能测试和运营交接。

5. 系统调试进程中的沟通协调机制

系统调试的计划管理是一个灵活性、机动性十分强的动态管理机制，要在此种状况下保持系统调试"高效"的调试原则，调试进程中的沟通协调机制是至关重要的。

在调试的过程中拟定从以下两个方面来加强沟通协调：一方面，明确责任分工，落实责任到人。在现场调试组中，设立调试组组长，负责调试组中的各专业之间的沟通协调工作，并负责调试计划的下发和过程控制。各专业承包商要配置专人在现场调试组中负责沟通协调和配合，并重点负责系统设备厂家配合人员的沟通协调工作。结合工程现场的实际情况，系统调试计划的临时调整不可必免，因此现场调试组中的各专业负责人要认真做好配合人员的沟通协调工作，要与调试组长的指挥保持一致，保障现场调试的"高效"。

另一方面，现场调试组中的各成员单位要加大"执行力"，现场调试组中的各专业配合人员要不折不扣地执行调试组长的统一调度和指挥，在现场执行过程中有什么好的意见和建议要通过良好地沟通机制及时地反映，切忌"指东向西"的现象出现，保障现场调试进度的统一协调性，从而保障现场调试的"高效"。

在现场调试中，遇到重大问题，经各方商讨，可暂停此项调试，待当日调试结束后，以书面形式上报业主、监理、设计。如单体设备问题影响现场调试的，应由该设备厂家现场解决。如需多家配合解决的问题，由设计出具建议，各方确认后，确定现场整改方案，不影响调试进程。

为了便于管理与沟通，系统调试室与各系统设备总包商对现场调试组采取

"矩阵式"的管理机制，见图 3-1。

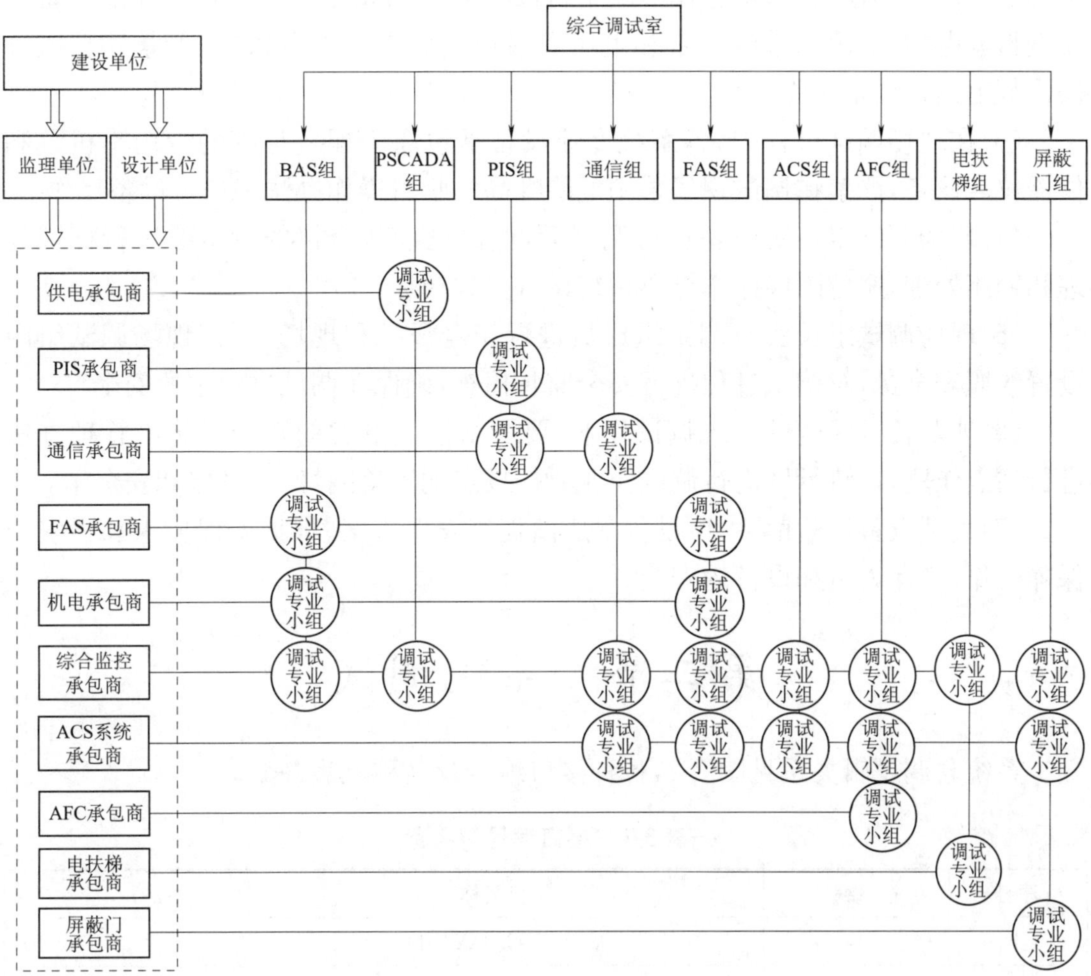

图 3-1　"矩阵式"管理机制

同时，在调试过程中不可避免地会出现现场实际调试功能与设计功能不符的现象，此时就要求设计单位及时确认，如有调整设计单位要尽快把书面资料反馈到各相关单位，保障现场调试的顺利进行。

6. 系统调试中的安全保障

系统调试是地铁设备系统功能实现的关键阶段，系统调试的质量高低直接决定了地铁开通的质量。因此，系统调试中的"安全"是系统调试过程中控制的关键。在系统调试过程中，"安全"涉及两部分内容，一部分为"人身安全"，另一部分为"设备安全"。为此，在系统调试过程中，将采取如下措施确保"人身安全"和"设备安全"。

(1)参与系统调试的所有人员要坚决服从建设单位对施工现场的所有安全管理规定。

(2)系统调试涉及最多是带电作业,因此,要求参加现场调试人员在调试过程中要确保高度的警惕,不得操作不属于自己专业内的设备。对各自专业的设备要先进行验电检查,确保带电正常和电压等级正常后方可上电操作,严禁违反电气操作规范进行设备操作。

(3)在现场调试过程中,各系统专业设备承包商应配备足够的专用工机具和仪器仪表设备,严禁在调试现场采用危险性高的临时操作办法来进行设备操作。

(4)现场调试组在对设备进行调试后,调试已确认合格的设备要进行标识处理和锁闭处理,避免因误操作导致系统设备受到损坏。

(5)现场调试组长要对调试组成员进行安全督导和现场监督,现场调试组内设置兼职安全员,对调试过程进行安全监督检查,确保在调试过程中的安全。

(6)涉及轨行区内的系统调试作业,要严格按照下发的轨行区施工管理办法进行请点作业,在轨行区进行调试作业要按规定配置警闪灯、荧光服和安全帽。

(7)大型设备试验前,由该设备集成商提交安保方案,根据安保要求加强安全保障工作,确保人员和设备的安全。

第二节　系统调试

系统联调逻辑关系见图3-2,各种接口编号及名称见表3-1。

表3-1　接口编号与名称

序号	接口编号	接口名称	备　注
1	J1	ISCS-PSCADA接口	
2	J2	ISCS-CCTV接口	
3	J3	ISCS-PA接口	
4	J4	ISCS-ATS接口	
5	J5	ISCS-电源整合接口	
6	J6	ISCS-ACS接口	
7	J7	ISCS-CLK接口	
8	J8	ISCS-TS接口	
9	J9	ISCS-TCC接口	
10	J10	ISCS-BAS接口	
11	J11	网络管理-TS接口	
12	J12	ISCS-FAS接口	
13	J13	ISCS-PIS接口	
14	J14	ISCS-PSD接口	

续上表

序号	接口编号	接口名称	备　注
15	J15	ISCS-AFC 接口	
16	J16	IBP 盘-直流开关柜接口	
17	J17	IBP 盘-软启隧道风机接口	
18	J18	IBP 盘-隧道风机接口	
19	J19	IBP 盘-回排风机接口	
20	J20	IBP 盘-FAS 接口	
21	J21	IBP 盘-ATS 接口	
22	J22	PSCADA-CLK 接口	
23	J23	PSCADA-高压保护接口	
24	J24	PSCADA-400 V 开关柜接口	
25	J25	PSCADA-直流开关柜接口	
26	J26	PSCADA-单向导通装置接口	
27	J27	PSCADA-交直流设备接口	
28	J28	PSCADA-配电变压器接口	
29	J29	PSCADA-杂散电流装置接口	
30	J30	PSCADA-再生电能消耗装置接口	
31	J31	PSCADA-整流变压器接口	
32	J32	PSCADA-整流器接口	
33	J33	BAS-70 ℃防火阀接口(车辆段/停车场)	
34	J34	BAS-280 ℃防火阀接口(车辆段/停车场)	
35	J35	BAS-电控 70 ℃防火阀接口(车辆段/停车场)	
36	J36	BAS-电控 280 ℃防火阀接口(车辆段/停车场)	
37	J37	BAS-电动风量调节阀接口(车辆段/停车场)	
38	J38	BAS-潜污泵接口(车辆段/停车场)	
39	J39	BAS-生活加压泵接口(车辆段/停车场)	
40	J40	BAS-EPS 接口(车辆段/停车场)	
41	J41	BAS-冷水机组系统通信接口	
42	J42	BAS-智能低压系统接口	
43	J43	BAS-FAS 接口	
44	J44	BAS-回排风机通信及硬线接口	
45	J45	BAS-软启射流风机接口	
46	J46	BAS-软启隧道风机接口	

续上表

序号	接口编号	接口名称	备　注
47	J47	BAS-射流风机接口	
48	J48	BAS-隧道变频风机接口	
49	J49	BAS-电动两通阀硬线接口	
50	J50	BAS-局部排水泵硬线接口	
51	J51	BAS-污水泵硬线接口	
52	J52	BAS-雨水泵硬线接口	
53	J53	BAS-主废水泵硬线接口	
54	J54	BAS-小型轴流风机接口	MCC
55	J55	BAS-照明系统接口	
56	J56	BAS-智能照明接口	
57	J57	BAS-EPS 硬线接口	
58	J58	BAS-VRV 硬线接口	
59	J59	BAS-垂直电梯硬线接口	
60	J60	BAS-电保温硬线接口	
61	J61	BAS-风阀硬线接口	
62	J62	BAS-自动扶梯硬线接口	
63	J63	BAS-组合空调通信及硬线接口	
64	J64	ACS-FAS 接口-IBP	
65	J65	ACS-CLK 接口	
66	J66	ACS-TS 接口	
67	J67	PQSS-CLK 接口	
68	J68	PQSS-400V 开关柜接口	
69	J69	PQSS-高压开关柜接口	
70	J70	PQSS-TS 接口	
71	J71	配电变压器-400 V 开关柜接口	
72	J72	再生电能消耗装置-车辆接口文件	
73	J73	FAS-400V 开关柜接口	
74	J74	10 kV/35 kV 开关柜-10 kV/35 kV 保护接口	
75	J75	电源系统-网络管理系统接口	
76	J76	PA-网络管理接口	
77	J77	CCTV-网络管理接口	
78	J78	CCTV-专用传输接口	

续上表

序号	接口编号	接口名称	备　注
79	J79	公务电话-网络管理接口	
80	J80	公务电话-TS 接口	
81	J81	公务电话-专用电话接口	
82	J82	公务电话-PA 接口	
83	J83	CLK-网络管理接口	
84	J84	RS-公务电话接口	
85	J85	RS-网络管理接口	
86	J86	RS-专用电话接口	
87	J87	专用电话-PA 接口	
88	J88	专用电话-网络管理接口	
89	J89	专用电话-TS 接口	
90	J90	PA-TS 接口	
91	J91	CLK-TS 接口	
92	J92	RS-PA 接口	
93	J93	PIS-ATS 接口	
94	J94	PIS-车辆接口	
95	J95	PIS-FAS 接口	
96	J96	PIS-PA 接口	
97	J97	PIS-CLK 接口	
98	J98	RS-TS 接口	
99	J99	PIS-TS 接口	
100	J100	FAS-CLK 接口	
101	J101	FAS-TS 接口	
102	J102	RS-车辆接口	
103	J103	ATS-TS 接口	
104	J104	ATS-PA 接口	
105	J105	ATS-RS 接口	
106	J106	ATS-CLK 接口	
107	J107	AFC-TS 接口	
108	J108	BAS-风机接口	MCC
109	J109	FAS-消防电动蝶阀接口	
110	J110	FAS-消防泵控制箱接口	

续上表

序号	接口编号	接口名称	备　注
111	J111	FAS-排烟风机控制箱接口	
112	J112	FAS-防火阀接口	
113	J113	FAS-EPS 电源柜接口	
114	J114	气灭控制子系统-气灭设备	
115	J115	FAS-应急照明	
116	J116	FAS-ATS 接口	
117	J117	BAS-远传水表	
118	J118	IBP 盘-AFC 接口	
119	J119	IBP 盘-电扶梯接口	
120	J120	IBP 盘-防烟门接口	
121	J121	IBP 盘-消防泵接口	
122	J122	IBP 盘-BAS/模式接口	
123	J123	FAS-垂直梯接口	
124	J124	FAS-AFC 接口	
125	J125	FAS-防火卷帘门接口	

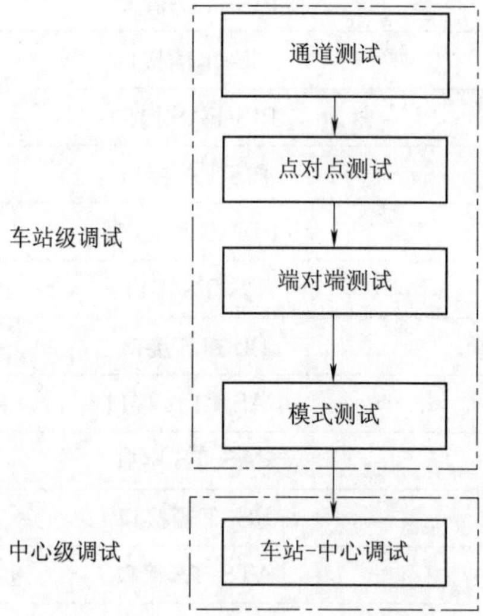

图 3-2　系统调试逻辑关系图

一、综合监控系统调试

1. 综合监控系统介绍

综合监控系统由控制中心综合监控系统(CISCS)、临时备用中心综合监控系统、车站综合监控系统(SISCS)、车辆段/停车场综合监控系统(DISCS)、网络管理及测试系统、设备维护管理系统、培训管理系统等组成。由于各地组网方式不同,且目前随着 ISCS 的发展，通常由 ISCS 专业自行利用光纤将以上各部分连接起来，形成一个有机整体。见图 3-3。

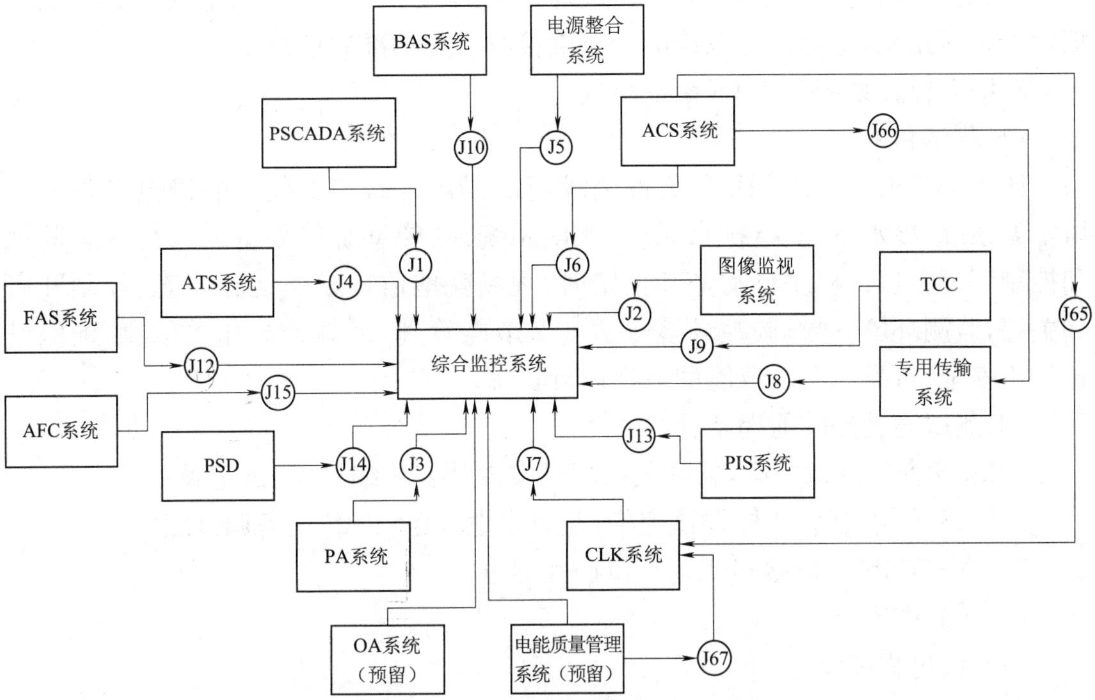

图 3-3　ISCS 子系统系统接口关系示图

2. 综合监控系统与 PSCADA 系统调试

(1)测试目的

ISCS 系统通过网络把各变电所自动化系统集成起来，完成中心、车站监控功能。ISCS 系统与各变电所综合自动化系统共同构成全线完整的电力监控系统，完成对全线开闭所、牵引降压混合变电所和降压变电所内的 10 kV/35 kV 开关柜、直流开关柜、400 V 开关柜、牵引变压器、配电变压器、交直流电源屏等供电设备的实时监控管理，指挥供电设施的检修调度及事故情况下的抢修调度工作，保证全线的安全可靠供电。

(2)测试需满足的前提条件

1)ISCS 安装调试完成，软件数据库已按设计要求编号、测试定版；

2)PSCADA 系统设备安装单体调试完毕；

3)PSCADA 与 ISCS 的接口工厂调试已经通过。

(3)测试内容

1)通信过程试验

根据综合监控专业提供的通信协议对收发报文进行观察分析。如整个通讯过程正常，则表示通讯正常，规约测试通过。如不正常则，则需要双方厂家协定修改规约程序最终达到正常通讯。

2)数据性试验

根据接口信息点表进行测试，检验通讯规约对于遥信、遥测、遥控等其他的数据解释是否正确，综合监控系统能否正确接收点表的准确信息。

3. 综合监控系统与BAS系统调试

(1)测试目的

BAS与ISCS集成。BAS负责全线正常、阻塞、火灾工况下的机电设备如通风空调系统、冷水系统、给排水系统、照明系统、扶梯系统等设备的运行状态监视和控制管理。进行程序自动、实时、定时、现场就地监视设备运行状态、控制开启和关停，监测环境参数，调控环境舒适度及节能管理，采集处理相关信息，确保设备处于安全、可靠、高效、节能的最佳运行状态。

(2)测试需满足的前提条件

1)ISCS安装调试完成，软件数据库已按设计要求编号、测试定版；

2)BAS系统安装、单体调试完毕，与风水电设备、FAS设备调试完毕；

3)BAS与ISCS的接口工厂调试已经通过。

(3)测试内容

1)通信过程试验

根据电源整合专业提供的通信协议对收发报文进行观察分析。如整个通信过程正常，则表示通信正常，规约测试通过。如不正常则，则需要双方厂家协定修改规约程序最终达到正常通信。

2)数据性试验

根据接口信息点表进行测试，检验通信规约对于遥信、遥测、遥控等其他的数据解释是否正确，综合监控系统能否正确接收点表的准确信息。

4. 综合监控系统与ACS系统调试

(1)测试目的

ACS与ISCS互联。ACS用于对轨道交通内外的出入通道进行智能化控制管理，采用分布式控制和集中监控管理的运行方式。ACS实行二级管理三级控制功能，实行中心级、车站级两级管理，实行中心级、车站级、就地级三级控制方式。中心级主要负责ACS的日常设备运行管理、设备运行统计、故障报警统计、门禁卡的授权管理、设备控制参数及安全参数管理、系统数据管理等。车站级主要负责设备监视、故障报警、设备控制功能、车站及限制区域设置等。现场级主要负责紧急情况下的控制。

(2)测试需满足的前提条件

1)ISCS安装调试完成，软件数据库已按设计要求编号、测试定版；

2)ACS系统安装、单体调试完毕；

3)ACS 与 ISCS 的接口工厂调试已经通过。

(3)测试内容

1)通信过程试验

根据电源整合专业提供的通讯协议对收发报文进行观察分析。如整个通讯过程正常,则表示通讯正常,规约测试通过。如不正常则,则需要双方厂家协定修改规约程序最终达到正常通讯。

2)数据性试验

根据接口信息点表进行测试,检验通讯规约对于遥信、遥测、遥控等其他的数据解释是否正确,综合监控系统能否正确接收点表的准确信息。

5.综合监控与传输系统调试

(1)测试目的

确保传输系统能为 ISCS 提供稳定的网络专用通道,使所有站级 ISCS 系统能构成光纤双以太环网。

(2)测试需满足的前提条件

1)ISCS 安装调试完成,软件数据库已按设计要求编号、测试定版;

2)传输设备安装调试完毕。

(3)测试内容

检查线缆连接的正确性,通电后在本站向远端站 24 h 内不间断发送报文,检查远端站接收报文的正确率是否满足正确性≥99.99%。

6.综合监控与 PSD 系统调试

(1)测试目的

确保 PSD 系统的各种设备信息能正确上传至综合监控系统并显示在人机界面上,在紧急情况下能通过 IBP 盘上的紧急按钮控制两侧站台安全门及边门的开启和关闭动作。

(2)测试需满足的前提条件

1)ISCS 安装调试完成,软件数据库已按设计要求编号、测试定版;

2)PSD 及控制设备安装完毕,从 ISCS 到 PSD 的数据线以及从 IBP 盘至 PSD 的线缆正确敷设;

3)PSD 系统调试完成并且运行正常;

4)PSD 与 ISCS 的接口工厂调试已经通过。

(3)测试内容

1)通信过程试验

根据 PSD 专业提供的通信协议对收发报文进行观察分析。如整个通信过程正常,则表示通信正常,规约测试通过。如不正常则,则需要双方厂家协定修改规约程序最终达到正常通信。

2)数据性试验

根据接口信息点表进行测试,检验通讯规约对于遥信、遥测、遥控等其他的数据解释是否正确,安全门各个门的状态信息是否能在调度员操作界面上显示正常,接口协议上需要控制的设备点能否正确动作。

用万用表测试从 IBP 盘至 PSD 的电气回路是否正确;控制回路闭合后,站台两边安全门是否全部打开;在安全门动作后,用万用表测试返信回路电压是否正确,IBP 盘上的指示灯能否显示为正确或故障状态。

7.综合监控系统与 AFC 系统调试

(1)测试目的

确保自动售检票系统在综合监控系统 IBP 盘上的闸机紧急释放按钮按下后,站内闸机能全部释放并将反馈信息显示在人机界面上,同时 AFC 各种设备信息能正确上传至 ISCS 的人机界面。

(2)测试需满足的前提条件

1)ISCS 安装调试完成,软件数据库已按设计要求编号、测试定版;

2)AFC 车站的闸机安装、单体调试完毕。

(3)测试内容

1)用万用表测试从 IBP 盘至闸机的电气回路是否正确;控制回路闭合后,所有闸机是否全部释放;在闸机动作后,用万用表测试返信回路电压是否正确,IBP 盘上的指示灯能否显示为正确或故障状态。

2)参见 PSD 的通信过程测验及支持性试验。

8.综合监控与通信时钟子系统调试

(1)测试目的

确保时钟专业能为综合监控系统提供统一的时间信息。

(2)测试需满足的前提条件

1)ISCS 安装调试完成,软件数据库已按设计要求编号、测试定版;

2)CLK 的设备安装完毕;

3)CLK 系统单体调试完成,系统运行正常;

4)CLK 与 ISCS 的接口工厂调试已经通过。

(3)测试内容

1)通信过程试验

根据 CLK 专业提供的通信协议对收发报文进行观察分析。如整个通信过程正常,则表示通信正常,规约测试通过。如不正常则,则需要双方厂家协定修改规约程序,最终达到正常通信。

2)数据性试验

根据接口信息点表进行测试,检验通讯规约对于收发数据解释是否正确,综合监控系统能否正确接收时钟的准确时间信息。

9.综合监控与FAS系统调试

(1)测试目的

FAS与ISCS互联。FAS对车站、车辆段/停车场、电缆通道等建筑设施的火警安全进行可靠监视管理，具有火灾探测和监视功能，并能在火灾时发出模式指令，使相关BAS运行转入火灾模式，实现消防互联。

(2)测试需满足的前提条件

1)ISCS安装调试完成，软件数据库已按设计要求编号、测试定版；

2)FAS的车站设备安装完毕，从ISCS到FAS的数据线敷设完成；

3)FAS系统调试完成并且运行正常；

4)FAS与ISCS的接口工厂调试已经通过。

(3)测试内容

1)通信过程试验

根据FAS专业提供的通信协议对收发报文进行观察分析。如整个通信过程正常，则表示通信正常，规约测试通过。如不正常则，则需要双方厂家协定修改规约程序，最终达到正常通信。

2)数据性试验

根据接口信息点表进行测试，检验通讯规约对于遥信、遥测等其他的数据解释是否正确，FAS各个设备的信息是否能在调度员操作界面上显示正常，接口协议上需要控制的设备点能否正确动作。

10.综合监控系统与CCTV系统调试

(1)测试目的

CCTV与ISCS操作界面集成。根据轨道交通运营、管理特点，轨道交通CCTV从使用上满足中心总调度员操作工作站、中心行车调度员操作工作站、中心环境调度员操作工作站、中心供电调度员操作工作站和车站值班站长操作工作站等对相应的管辖区域进行监视。其功能主要分为中心级监控功能和车站级监控功能。

(2)测试需满足的前提条件

1)ISCS安装调试完成，软件数据库已按设计要求编号、测试定版；

2)CCTV系统安装、单体调试完毕；

3)CCTV与ISCS的接口工厂调试已经通过。

(3)测试内容

1)综合监控实现视频控制。

2)中心调度员可监控全线各车站摄相机，可对车站任意图像进行调用、观看，并可对监视器画面进行一画面或四画面切换。

3)车站调度可监视本车站,可对本车站任意图像进行调用、观看,并可对监视器画面进行一画面或四画面切换。

4)实现站台两端监视器的画面合成(通过画面合成器对站台图像进行四画面合成)。

5)实现对云台的控制处理能力(根据预先设定优先级判断控制,并对占用情况进行显示)。

11.综合监控系统与PA系统调试

(1)测试目的

PA与ISCS操作界面集成。轨道交通有线PA由车站广播、厂(段)广播这两个相互独立的子系统组成,主要用于轨道交通运营时对乘客进行公告信息广播,并在发生灾害时兼做防灾广播,从而保证轨道交通运营的服务管理质量,为运营管理及维护人员提供更灵活、快捷的管理手段,各车站作为一个独立的区域广播,而中心能够对每个车站进行播音。

测试需满足的前提条件:

1)ISCS安装调试完成,软件数据库已按设计要求编号、测试定版;

2)PA系统安装、单体调试完毕;

3)PA与ISCS的接口工厂调试已经通过。

(2)测试内容

1)综合监控实现对广播的控制;

2)实现中心、车站广播功能;

3)中心可对全线车站广播、任意一个车站广播、任意车站的任一个选区或多个选区广播;

4)车站级可对本车站的任一个选区或多个选区广播。

12.综合监控与PIS系统调试

(1)测试目的

PIS与ISCS互联,PIS在各个不同的车站上显示图文。显示的主要内容包括视音频信息、文本信息、时间信息、实时列车运营信息及相关的叠加组合信息等。信源格式主要有电视信号视音频信息,MPEG-2、4信号,计算机网络信号,文本信息等,可实现视频、音频、文本、媒体等文件的编辑、播放、存储功能。

(2)测试需满足的前提条件

1)ISCS安装调试完成,软件数据库已按设计要求编号、测试定版;

2)综合监控专业提供正式稳定交流电源;

3)PIS系统与车辆调试完成。

(3)测试内容

1)ISCS系统能监视PIS系统的运行状态,ISCS终端能编辑文本并在显示终端进行显示。

2)ISCS 系统对 PIS 系统可实施故障查询和历史记录。

3)每隔一定时间,ISCS 对 PIS 与之间的通道进行检测。

13.综合监控与 ATS 系统调试

(1)测试目的

ATS 与 ISCS 互联。ATS 通过本地 ATS 收集和传输现场信息,现场数据包括信号设备状态、列车的信息和状态(识别号、位置及列车状态)。OCC 接收到这些信息后,经处理显示给 OCC 操作员,OCC 操作员据此向 ATS 发布命令,或给列车分配新的任务。ATS 负责监视整个 SIG 和列车运行数据,管理并监督列车运行调整算法,如保证按时刻表和行车间隔运行的算法,以及对交通需求和延迟造成时刻表变动的处理功能。

(2)测试需满足的前提条件

1)ISCS 安装调试完成,软件数据库已按设计要求编号、测试定版;

2)ISCS 系统提供接触网/轨带电、失电状态信息。

(3)测试内容

1)后备模式下区间轨道(由信号设计列出)占用时间超过 210 s,按计轴为单位送出超时信息;CBTC 模式下列车在区间轨道停车超过 210 s 后,按计轴为单位送出阻塞信息。轨道、道岔占用状态、信号机状态、锁闭信息、道岔状态、列车信息(列车 ID、位置、列车状态);ATS 设备故障状态、列车时刻表(实际与计划时刻表)、列车的实际到站时刻和离站时刻。

2)回应 ISCS 对 ATS 与 ISCS 之间的通道进行检测。

3)实现车站控制室对本站 ATC 设备的紧急控制功能。

14.综合监控与电源整合系统调试

(1)测试目的

确保电源整合专业设备信息及每块电池的信息能正确上传至综合监控系统并显示在人机界面上。

(2)测试需满足的前提条件

1)ISCS 安装调试完成,软件数据库已按设计要求编号、测试定版;

2)电源整合的车站设备安装完毕,从 ISCS 到电源整合的数据线敷设完成;

3)电源整合系统单体调试完成,系统运行正常;

4)电源整合与 ISCS 的接口工厂调试已经通过。

(3)测试内容

1)通信过程试验

根据电源整合专业提供的通信协议对收发报文进行观察分析。如整个通信过程正常,则表示通信正常,规约测试通过。如不正常,则需要双方厂家协定修改规约程序，最终达到正常通信。

2)数据性试验

根据接口信息点表进行测试，检验通讯规约对于遥信、遥测、遥控等其他的数据解释是否正确，综合监控系统能否正确接收时钟的准确时间信息 。

综合监控系统 IBP 盘接口关系见图 3-4。

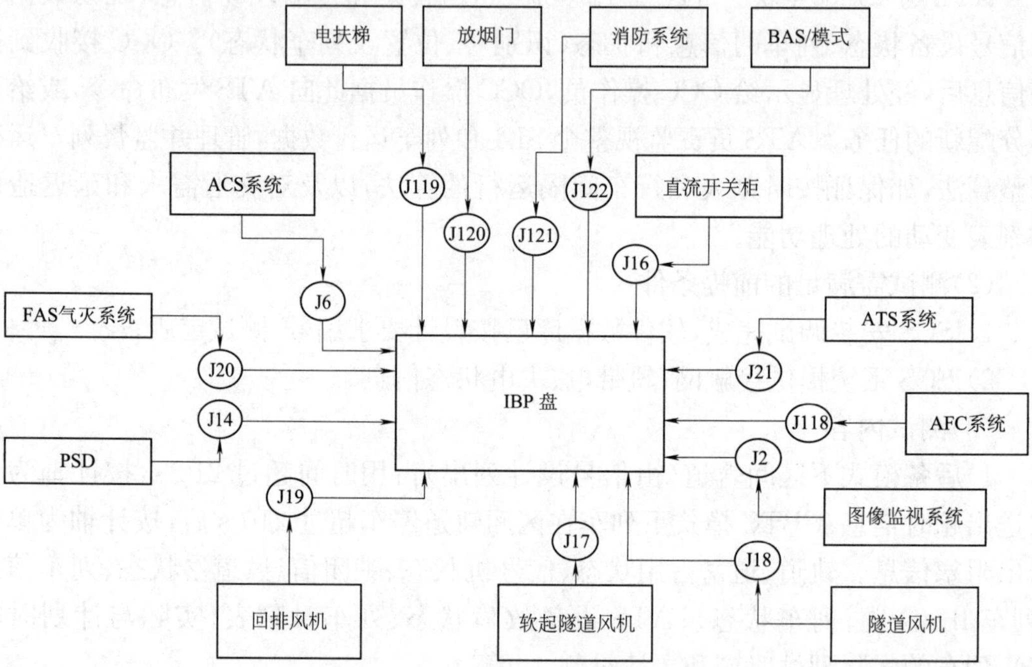

图 3-4 IBP 盘接口关系示图

二、PSCADA 系统调试

1. PSCADA 系统介绍

PSCADA 与 ISCS 集成。ISCS 系统通过网络把各变电所自动化系统集成起来，完成中心、车站监控功能。ISCS 系统与各变电所综合自动化系统共同构成全线完整的电力监控系统，完成对全线开闭所、牵引降压混合变电所和降压变电所内的 10 kV/35 kV 开关柜、直流开关柜、400 V 开关柜、牵引变压器、配电变压器、交直流电源屏等供电设备的实时监控管理，指挥供电设施的检修调度及事故情况下的抢修调度工作，保证全线的安全可靠供电。

PSCADA 系统的功能主要有控制、数据采集处理、显示、报警、调度事物管理以及维修、事故抢修等调度功能。

PSCADA 系统实行中心级、车站两级管理；实行中心级、车站级和设备就地级三级控制。除了设备的就地操作以外，根据 PSCADA 系统的特点，中心级和车站级监控的重心有所不同：PSCADA 系统的监控重心在控制中心，车站控制室保留对供电设备的控制功能但重点是监视；对所控设备，中心级和车站控制室级遥控是互斥关系，即中心和车站不可同时对受控设备进行遥控操作。中心级和车站级通过控制权限管理机制实现控制权管理，即在中心级控制方式下，车站级不能对变电所设备进行控制；反之中心级不能对变电所设备进行控制。

2. PSCADA 与变电所设备调试

(1)测试目的

确保变电所内所有设备能将设备自身的信息正确上传至本站所在的 PSCADA 系统并且显示在 PSCADA 的人机界面上，变电所内所有设备能在 PACADA 发出指令后正确动作。

(2)测试需满足的前提条件

1)交直流电源屏为控制信号盘提供一路交流电及直流电；

2)变电所内所有设备及其监控或者保护单元安装完毕；

3)变电所内所有设备单体调试完成，系统运行正常；

4)变电所内所有设备与 PSCADA 的接口工厂调试已经通过。

(3)测试内容

1)通信过程试验

根据变电所各个设备厂家提供的通信协议对收发报文进行观察分析。如整个通信过程正常，则表示通信正常，规约测试通过。如不正常，则需要双方厂家协定修改规约程序最终达到正常通信。

2)数据性试验

挑选特殊点进行测试，检验通讯规约对于遥信、遥测、遥控等其他的数据解释是否正确，各个设备的信息最终能否反馈到控制信号盘的一体机上，通过对控制信号盘的操作能否对开关柜进行正确的分闸、合闸动作。

综合监控系统自动化子系统接口关系见图 3-5。

三、通信系统调试

1. 通信系统介绍

通信系统由专用通信系统、民用通信系统、公安通信系统、政务通信系统(可选)和办公自动化系统五大部分组成。

专用通信系统是为地铁行车指挥及运营管理服务的，是行车指挥、运营管理的必备工具，也是各种监控系统传递的基础设施，同时也是向乘客和工作人员传递各种信息的设施之一。它是运营指挥、企业管理、服务乘客的网络平台，它是地铁正常运转的神经系统。专用通信系统包括：传输系统、公务电话系统、专用电话系统、无线通信系统、闭路电视监视系统、广播系统、时钟系统、乘客信息系统、电源及接地系统、网络管理系统、临时(备用)控制中心/停车场通信系统等子系统。

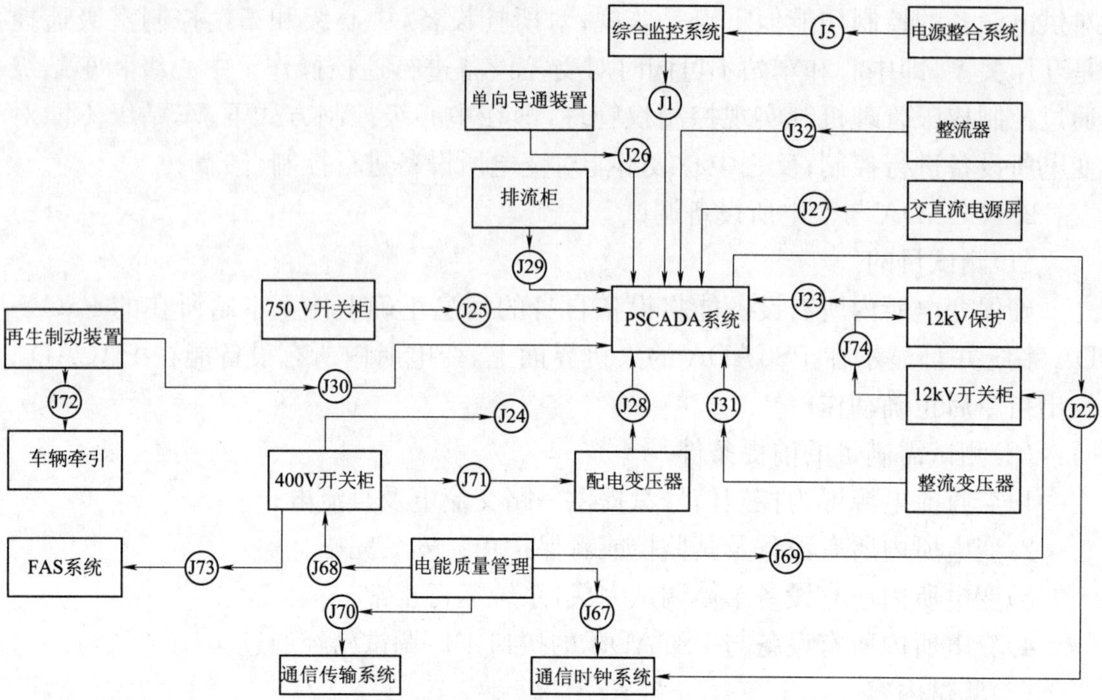

图 3-5　PSCADA 子系统接口关系示意图

民用通信系统主要是将电信运营商的移动通信信号引入地下区域内，为乘客提供更优质的公众移动通信服务，同时为部分增值服务提供条件，使地铁符合现代化的生活节奏，提高地铁和公众电信运营商的服务水平。民用通信系统包括：传输系统、无线覆盖系统、电源及接地系统等子系统。

公安通信系统是将地面公安通信网引入地铁，为保证市民的出行安全，保障地铁列车的安全运行，快速、准确、高效地执行地铁安全保卫任务提供通信保障。公安通信系统包括：传输系统、计算机网络系统、公安消防无线通信系统、公安视频监控系统、电源及接地系统等子系统。

政务通信系统是非通信系统设计强制要求项目，若包含政务通信系统，则它应是地面政务通信网络的地下延伸，是城市政务通信系统的有机组成部分，为城市政务网提供良好的服务。政务通信系统包括：政务无线通信系统、配套设施等子系统。

办公自动化系统是服务于运营管理，面向地铁组织的日常运作和管理，员工及管理者使用频率很高的系统。

2. 传输系统与 CCTV 系统调试

(1)测试目的

测试通信传输系统为通信闭路电视监视系统提供传输共享带宽通道的稳定性。

(2)测试需满足的前提条件

1)传输系统调试完毕；

2)CCTV 系统终端设备安装完成，设备单体调试完成。

(3)测试内容

1)通过传输通道将各车站、变电所、车辆段、停车场的图像上传至中心。

2)通过传输通道将闭路电视监视系统图像由控制中心上传至OCC调度大厅。

3)通过传输通道将闭路电视监视系统图像由OCC、LCC上传至TCC(如该城市有配置)。

4)闭路电视监视系统通过传输通道进行网管和实时图像控制。

3.传输系统与电话系统调试

(1)测试目的

通信传输系统为通信电话系统提供中继通道,实现电话交换机系统与通信传输系统的连通,保证电话交换机系统与通信传输系统的联网。

(2)测试需满足的前提条件

1)传输与电话交换机间中继电缆连接完毕;

2)传输系统单体调试完成;

3)电话单体调试完成。

(3)测试内容

1)实现控制中心、临时(备用)控制中心与各站点之间的网管相连,从而保证控制中心、临时(备用)控制中心对各站点的网络维护。

2)实现专用电话交换机系统与专用通信传输系统的连通,保证专用电话交换机系统与专用通信传输系统的联网调试。

3)实现控制中心、临时(备用)控制中心与各站点之间的录音调用终端相连,从而保证控制中心、临时(备用)控制中心对各站点的录音管理。

4.传输系统与广播系统调试

(1)测试目的

通信传输系统为通信广播系统提供中继通道,实现广播系统与通信传输系统的连通。

(2)测试需满足的前提条件

1)传输与广播系统间中继电缆连接完毕;

2)传输系统单体调试完成;

3)广播单体调试完成。

(3)测试内容

1)实现广播系统与通信传输系统的连通。

2)实现从传输系统向广播系统双向收发信息。

5.传输系统与时钟系统调试

(1)测试目的

通信传输系统为时钟系统提供中继通道,实现时钟系统与通信传输系统的连通。

(2)测试需满足的前提条件

1)传输与时钟系统间中继电缆连接完毕；

2)传输系统单体调试完成；

3)时钟单体调试完成。

(3)测试内容

1)实现时钟系统与专用通信传输系统的连通，保证时钟系统的内部调试。

2)实现时钟系统与专用通信传输系统的连通，保证时钟系统的标准时间信号的传送。

6.传输系统与网络管理系统调试

(1)测试目的

通信传输系统为通信网络管理系统提供传输系统告警信息，通信网络管理系统为专用通信传输系统提供标准时间信号。

(2)测试需满足的前提条件

1)传输网管与网络管理系统间中继电缆连接完毕；

2)传输系统单体调试完成；

3)网络管理单体调试完成。

(3)测试内容

主动上报告警信息给网管系统。

7.传输系统与AFC系统调试

(1)测试目的

通信传输系统为AFC系统提供传输通道的稳定性。

(2)测试需满足的前提条件

1)传输与时钟系统间中继电缆连接完毕；

2)传输系统单体调试完成；

3)AFC单体调试完成。

(3)测试内容

1)传输业务数据及时钟同步信号。

2)以临时备用控制中心为数据中心，车站与临时备用控制中心数据为双向，车站间无数据流。

3)以TCC的AFC交换机为数据中心，TCC与临时备用控制中心的数据流向为双向。

4)以临时备用控制中心(LC)的AFC交换机为中心，临时备用控制中心(LC)与第二中心数据流向为双向。

8. 传输系统与电源系统调试

(1)测试目的

通信电源是通信系统的心脏，为了启动及调试通信 UPS 电源设备，需要电源整合专业提供 DC 220 V 及动照专业提供 AC 380 V 稳定的正式电源。通信电源系统与电源整合专业调试的目的就是为了确保电源整合专业提供的 DC 220 V 的电压、电流是否满足 UPS 设备输入的参数要求。依据各地不同的设计要求，如无电源整合专业，则直接由 AC 380 V 提供输入电源给 UPS 电源设备。

(2)测试需满足的前提条件

1)传输与电源系统间中继电缆连接完毕；

2)传输系统单体调试完成；

3)电源单体调试完成。

(3)测试内容

1)被监控站的电源系统串口上网器的以太网口与通信传输系统提供的以太网接口相连接，把被监控站的信息传送到监控中心。

2)电源系统串口上网器与通信传输系统提供的以太接口相连接，监控中心与被监控的站点之间的数据传输流向为双向。

3)通过专用电源系统监控设备接口对专用传输系统电源设备进行监控。

4)专用通信电源系统串口上网器与通信传输系统电源设备接口相连接进行双向通信。

9. 传输系统与电能质量管理系统调试

(1)测试目的

为控制中心、临时(备用)控制中心、车站、区间所 PQSS 系统提供传输通道，实现数据传输。

(2)测试需满足的前提条件

1)传输与电能质量管理系统间中继电缆连接完毕；

2)传输系统单体调试完成；

3)电能质量管理单体调试完成。

(3)测试内容

测试传输通道的稳定性。

10. 网络管理系统与时钟系统调试

(1)测试目的

通信网络管理系统为通信时钟系统提供集中告警处理。

(2)测试需满足的前提条件

1)网络管理系统与时钟系统间中继电缆连接完毕；

2)网管系统单体调试完成；

3)时钟系统单体调试完成。

(3)测试内容

1)时钟系统的告警信息流向网络管理系统,网络管理系统定时地向时钟系统发送握手信息,以此来检查网络是否正常。

2)通信时钟系统为专用通信网络管理系统提供 NTP 校时信号。

11. 网络管理系统与广播系统调试

(1)测试目的

通信广播系统为网络管理系统提供故障信息,接收网络管理系统的时间信息。

(2)测试需满足的前提条件

1)网络管理系统与广播系统间中继电缆连接完毕;

2)网管系统单体调试完成;

3)广播系统单体调试完成。

(3)测试内容

从广播系统向网络管理系统发送故障信息,网络管理系统向广播系统发送信息。

12. 网络管理系统与 CCTV 系统调试

(1)测试目的

通信闭路电视监视系统为网络管理系统提供故障信息,接收网络管理系统的信息。

(2)测试需满足的前提条件。

1)网络管理系统与 CCTV 系统间中继电缆连接完毕;

2)网管系统单体调试完成;

3)CCTV 系统单体调试完成。

(3)测试内容

从闭路电视监视系统向网络管理系统发送故障信息,网络管理系统向闭路电视监视系统发送信息。

13. 网络管理系统与电话系统调试

(1)测试目的

通信网络管理系统为通信电话系统提供集中告警处理,通信网络管理系统为通信电话系统提供接口。

(2)测试需满足的前提条件

1)网络管理系统与电话系统间中继电缆连接完毕;

2)网管系统单体调试完成;

3)电话系统单体调试完成。

(3)测试内容

电话系统的告警信息流向网络管理系统,网络管理系统定时地向电话系统发送握手信息,以此来检查网络是否正常。

14. 网络管理系统与无线系统调试

(1)测试目的

网络管理系统通过专用通信无线系统提供上报信息实现无线告警功能。

(2)测试需满足的前提条件

1)网络管理系统与无线系统间中继电缆连接完毕;

2)网管系统单体调试完成;

3)无线系统单体调试完成。

(3)测试内容

通信无线通信系统的告警信息流向网络管理系统,通信网络管理系统定时地向通信无线通信系统发送握手信息及告警回执,以此来检查网络是否正常。

15. 网络管理系统与电源系统调试

(1)测试目的

通信电源系统为网络管理系统提供故障信息,接收时钟系统的时间信息。

(2)测试需满足的前提条件

1)网络管理系统与电源系统间中继电缆连接完毕;

2)网管系统单体调试完成;

3)电源系统单体调试完成。

(3)测试内容

从电源系统向网络管理系统发送故障信息,时钟系统向电源及接地系统发送时钟信息。

16. 公务电话系统与专用电话系统调试

(1)测试目的

专用电话系统为公务电话系统提供录音接口。

(2)测试需满足的前提条件

电话系统单体调试完成。

(3)测试内容

实现公务电话具备录音功能。

17. 电话系统与广播系统调试

(1)测试目的

按设计要求,通信广播系统为通信电话系统提供广播音频接口。

(2)测试需满足的前提条件

1)电话系统单体调试完成;

2)广播系统单体调试完成。

(3)测试内容

1)公务电话系统向广播系统传送音频信息。

2)采用干节点控制广播接口的开、关干节点闭合启用广播。

18. 无线系统与公务电话系统调试

(1)测试目的

通过与公务电话的接口实现手持电台的电话功能。

(2)测试需满足的前提条件

1)无线系统单体调试完成，达到通信条件；

2)电话系统单体调试完成。

(3)测试内容

数据双向传输从专用通信无线通信系统集群交换机传送至专用通信公务电话系统设备，从专用通信公务电话系统设备传送至专用通信无线通信系统集群交换机。

19. 无线系统与广播系统调试

(1)测试目的

按设计要求，实现无线手持台广播。

(2)测试需满足的前提条件

1)无线系统单体调试完成，达到通信条件；

2)广播系统单体调试完成。

(3)测试内容

1)握手消息，广播系统发送，无线系统接收并回复"握手回复消息"。

2)握手回复，无线发送，广播系统接收。

3)广播开始，无线发送，广播系统接收，接收成功回复广播开始确认消息。

4)广播开始确认消息，广播系统发送，无线系统接收。

5)广播结束，无线发送，广播系统接收，接收成功回复广播结束确认消息。

6)无线广播开始后，无线系统定时发送校验码。

通信系统专用通信系统接口关系见图 3-6。

20. PIS 系统介绍

乘客信息显示系统(PIS)是依托多媒体网络技术，以计算机系统为核心，以车站和车载显示终端为媒介向乘客提供信息的系统。乘客信息系统在正常情况下，提供乘车须知、服务时间、列车到发时间、列车时刻表、管理者公告、政府公告、出行参考、媒体新闻、赛事直播、广告等实时动态的多媒体信息；在火灾、阻塞及恐怖袭击等非正常情况下，提供动态紧急疏散提示。车载设备通过无线传输实时或预录接收信息，经处理后在列车客室 LCD 显示屏上进行音频视频播放。使乘客通过正确的服务信息引导，安全、便捷地乘坐地铁。

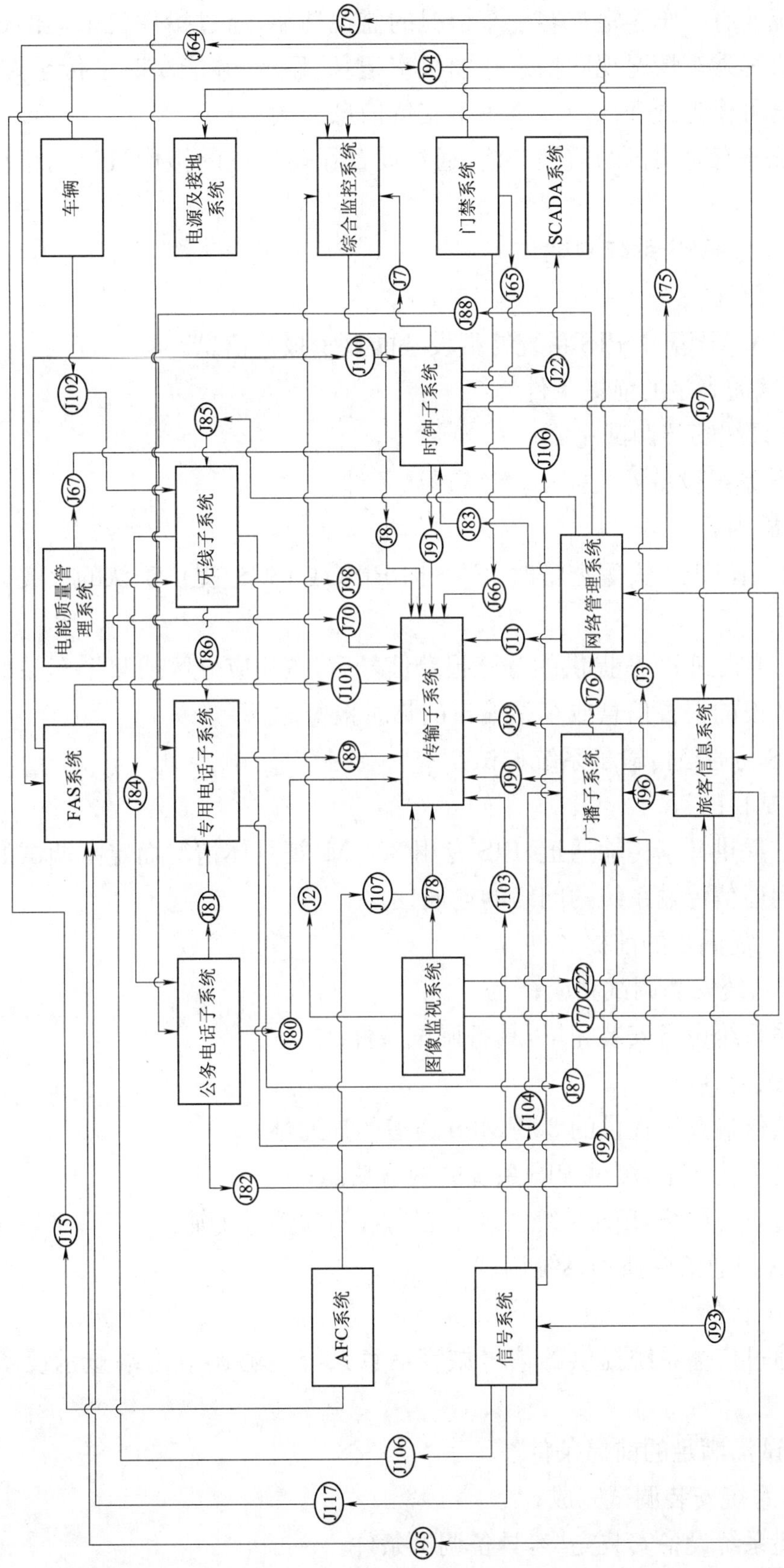

图 3-6　通信系统专用通信系统接口关系示图

本系统兼有列车客室乘客乘车情况的监视功能，通过摄像机采集的运营中列车客室内旅客乘车情况视频信息在司机室记录、显示，并能实时上传至控制中心，其上传信息可作为管理部门安全决策支持信息。

本系统兼有对司机的监视功能，通过设置在司机室的摄像机对司机行车进行监视。

21. PIS与FAS系统调试

(1)测试目的

测试FAS报警时，PIS系统终端设备能显示报警信息。

(2)测试需满足的前提条件

1)PIS系统安装调试完成；

2)FAS系统设备安装完毕，具备调试条件。

(3)测试内容

1)当车站出现火灾等灾情时，FAS向PIS(或ISCS)提供确认的火灾分区报警信号。

2)PIS接收到FAS提供的分区报警信号后，在相应分区或整个车站的显示终端上发布预设的报警信息或车站编辑的临时报警信息。

22. PIS与通信传输子系统调试

(1)测试目的

为PIS提供共享传输通道，PIS专用300 M(视具体情况而定)，调试的目的就是为了检测通信传输系统的网络的连通性。

(2)测试需满足的前提条件

1)PIS系统安装调试完成；

2)传输系统设备安装完毕，具备调试条件。

(3)测试内容

1)测试传输系统提供的300 Mbp通道的连通性；

2)通过传输通道，测试PIS系统的网管功能；

3)通过光纤网络，PIS系统实现中心向各站的信号传输。

23. PIS与通信广播子系统调试

(1)测试目的

检测通过广播系统提供的信号旅客信息系统能够调节终端显示设备声音的功能。

(2)测试需满足的前提条件

1)PIS系统安装调试完成；

2)广播系统设备安装完毕，具备调试条件。

(3)测试内容

1)当广播系统播音时,广播系统将向 PIS 系统发出播音信号;PIS 系统接收到广播系统提供的信号后,自动关闭掉终端设备播放声音。

2)当播音结束,广播系统向 PIS 系统发出播音完毕的信号,PIS 系统恢复终端设备的正常声音。

24. PIS 与通信时钟子系统调试

(1)测试目的

检测时钟系统为 PIS 系统提供统一时间信息的正确性。

(2)测试需满足的前提条件

1)PIS 系统安装调试完成;

2)时钟系统设备安装完毕,具备调试条件。

(3)测试内容

1)时钟系统每分钟发送精确的时钟信息到 PIS 系统,PIS 系统根据时钟信息同步本系统内时钟。

2)根据时钟系统提供的时间信息,PIS 系统在 PDP、LED、LCD 等上显示时间信息。

25. PIS 与综合监控系统调试

详见综合监控与 PIS 系统调试。

26. PIS 与车载多媒体(地面设备)系统调试

(1)测试目的

检测与车载多媒体(地面设备)系统接口的电气性能、测试协议。

(2)测试需满足的前提条件

1)PIS 系统安装调试完成;

2)综合监控专业提供稳定的设备用电;

3)车载多媒体(地面设备)系统安装完毕,具备调试条件。

(3)测试内容

1)为车载多媒体(地面设备)系统提供的一路标清视音频信号的接口协议测试。

2)为车载多媒体(地面设备)系统提供的原始数据的接口协议测试。

27. PIS 与 ATS 系统调试

(1)测试目的

将实时 ATS 信息发送至 PIS 系统相应显示终端并在显示终端显示列车的到站信息。

(2)测试需满足的前提条件

1)PIS 系统安装调试完成;

2)综合监控专业提供稳定的设备用电;

3)信号系统安装完毕,具备调试条件。

(3)测试内容

1)ATS向PIS系统单向发送数据:下两列车到站时间(绝对时间)、下两列车目的地、下两列车下一站、列车进站、列车跳停、列车退出服务信息、列车进段和出段信号,上下行方向首末班车信息。

2)PIS系统接收信号系统发送的ATS信息。并将实时ATS信息发送至PIS系统相应显示终端进行显示。

四、BAS系统调试

1.BAS系统介绍

BAS与ISCS集成。BAS负责全线正常、阻塞、火灾工况下的机电设备如通风空调系统、冷水系统、给排水系统、照明系统、扶梯系统(自动扶梯、电梯)等设备的运行状态监视和控制管理。进行程序自动、实时、定时、现场就地监视设备运行状态,控制开启和关停,检测环境参数,调控环境舒适度及节能管理,采集、处理有关信息,进行历史资料档案和设备维修管理,确保设备处于安全、可靠、高效、节能的最佳运行状态,从而提供一个舒适的乘车环境,并能在列车阻塞事故状态下,更好地协调车站设备的运行,充分发挥各种设备有的作用,保证乘客的安全和设备的正常运行。

BAS实行中心级、车站级两级管理,实行中心级、综合监控系统车站级、BAS系统维护工作站级、就地级多级控制方式,中心级主要负责全线BAS的日常调度、控制模式、运行统计等工作,车站级主要负责本站机电设备的单点控制、执行中心级模式控制、编辑临时时间表控制、显示各种工作状态与报警。车站级不设专职BAS操作员,而由车站值班员兼任。

2.BAS系统与FAS系统调试

(1)测试目的

确保在火灾模式下能控制环境与车站设备监控系统的消防设备正确动作。

(2)测试需满足的前提条件

1)由动照专业提供电源,BAS系统配备UPS。

2)FAS系统单体调试完成,系统运行正常,FAS为BAS提供FAS设备控制箱及接线端子的位置。

3)FAS与BAS的接口工厂调试已经通过。

(3)测试内容

1)通信过程试验

根据FAS专业提供的通信协议对收发报文进行观察分析。如整个通信过程正常，则表示通信正常，规约测试通过。如不正常，则需要双方厂家协定修改规约程序，最终达到正常通信。

2)数据性试验

根据接口信息点表进行测试，检验通讯规约对于遥信、遥测、遥控等其他的数据解释是否正确，FAS的各个设备的信息是否能在调度员操作界面上显示正常，接口协议上需要控制的设备点能否正确动作。

3. BAS系统与电梯、扶梯系统调试

(1)测试目的

确保在火灾模式下能控制环境与车站设备监控系统的消防设备正确动作。

(2)测试需满足的前提条件

1)由动照专业提供电源，BAS系统配备UPS。

2)FAS的车站设备安装完毕，从BAS到电梯、扶梯的数据线敷设完成。

3)电梯、扶梯系统单体调试完成，系统运行正常。电梯、扶梯为BAS提供电梯、扶梯设备控制箱及接线端子的位置。

4)电梯、扶梯与BAS的接口工厂调试已经通过。

(3)测试内容

1)通信过程试验

根据FAS、BAS专业提供的通信协议对收发报文进行观察分析。如整个通信过程正常，则表示通信正常，规约测试通过。如不正常，则需要双方厂家协定修改规约程序最终达到正常通信。

2)数据性试验

根据接口信息点表进行测试，检验通讯规约对于遥信、遥测、遥控等其他的数据解释是否正确，电梯、扶梯的各种运行信息是否能在调度员操作界面上显示正常。

4. BAS与冷水机组系统调试

(1)测试目的

确保的各种风水电设备能正确的将信息上传至BAS控制柜(箱)，需要控制的设备能在BAS系统发出指令后正确动作，依据点表对冷水机组群控系统进行控制。

(2)测试需满足的前提条件

1)风水电的车站设备安装完毕，从BAS到风水电专业的数据线敷设完成。

2)风水电专业单体调试完成，系统运行正常，风水电专业为BAS提供风水电专业设备控制箱及接线端子的位置。

3)风水电专业与BAS的接口工厂调试已经通过。

(3)测试内容

1)BAS专业依据点表监视冷水机组群控系统所辖设备的状态和运行参数。

2)BAS对冷水机组群控系统进行点动启停控制，群控系统内所辖设备的控制、联动及连锁均由群控系统完成。

3)群控系统根据冷负荷变化，自动调整冷水机组的开启台数。

4)BAS发出控制指令为非强制性的，冷水机组群控系统应在保证自身设备安全的情况下执行，避免强制性启/停造成设备损坏及使用周期的缩短。

5. BAS与智能低压系统调试(包含大、小风机，组合空调，风阀等)

(1)测试目的

依据点表实现对智能低压系统所辖设备状态的监视及控制。

(2)测试需满足的前提条件

1)风水电的车站设备安装完毕，从BAS到风水电专业的数据线敷设完成。

2)风水电专业单体调试完成，系统运行正常，风水电专业为BAS提供风水电专业设备控制箱及接线端子的位置。

3)风水电专业与BAS的接口工厂调试已经通过。

(3)测试内容

1)测试BAS监测到的智能低压设备状态状态和现场设备实际状态的一致性。

2)测试BAS对智能低压设备的遥控功能。

6. BAS与回排风机调试

(1)测试目的

依据监控点表(通讯接口点表)监控风机的状态，阻塞/火灾工况下依据监控点表(硬线接口)向风机下发控制命令。

(2)测试需满足的前提条件

1)风水电的车站设备安装完毕，从BAS到风水电专业的数据线敷设完成。

2)风水电专业单体调试完成，系统运行正常，风水电专业为BAS提供风水电专业设备控制箱及接线端子的位置。

3)风水电专业与BAS的接口工厂调试已经通过。

(3)测试内容

1)测试BAS监测到的回排风机状态和现场设备实际状态的一致性。

2)测试BAS对回排风机的遥控功能。

7. BAS与软启射流风机调试

(1)测试目的

依据监控点表(通讯接口点表)监控风机的状态，阻塞/火灾工况下依据监控点表(硬线接口)向风机下发控制命令。

(2)测试需满足的前提条件

1)风水电的车站设备安装完毕，从BAS到风水电专业的数据线敷设完成。

2)风水电专业单体调试完成,系统运行正常,风水电专业为BAS提供风水电专业设备控制箱及接线端子的位置。

3)风水电专业与BAS的接口工厂调试已经通过。

(3)测试内容

1)测试BAS监测到的软启射流风机状态和现场设备实际状态的一致性。

2)测试BAS对软启射流风机的遥控功能。

8. BAS与软启隧道风机调试

(1)测试目的

依据监控点表(通讯接口点表)监控风机的状态,阻塞/火灾工况下依据监控点表(硬线接口)向风机下发控制命令。

(2)测试需满足的前提条件

1)风水电的车站设备安装完毕,从BAS到风水电专业的数据线敷设完成。

2)风水电专业单体调试完成,系统运行正常,风水电专业为BAS提供风水电专业设备控制箱及接线端子的位置。

3)风水电专业与BAS的接口工厂调试已经通过。

(3)测试内容

1)测试BAS监测到的软启隧道风机状态和现场设备实际状态的一致性。

2)测试BAS对软启隧道风机的遥控功能。

9. BAS与射流风机调试

(1)测试目的

监视风机的状态,控制风机的正转/反转、停止。

(2)测试需满足的前提条件

1)风水电的车站设备安装完毕,从BAS到风水电专业的数据线敷设完成。

2)风水电专业单体调试完成,系统运行正常,风水电专业为BAS提供风水电专业设备控制箱及接线端子的位置。

3)风水电专业与BAS的接口工厂调试已经通过。

(3)测试内容

1)测试BAS监测到的风机状态和现场实际状态的一致性。

2)测试BAS对风机的遥控功能。

3)当风机进行正反切换时,风机自行完成相关过程动作及保护。

10. BAS与隧道变频风机调试

(1)测试目的

接收风机工作电流、工作电压、变频器故障代码(变频器超温、过载、缺相等)、运行状态、风机转速、变频器输出频率。控制变频风机的停止、正转/反转,火灾/阻塞工况下控制软启射流风机的停止、正转/反转。

(2)测试需满足的前提条件

1)风水电的车站设备安装完毕,从BAS到风水电专业的数据线敷设完成。

2)风水电专业单体调试完成,系统运行正常,风水电专业为BAS提供风水电专业设备控制箱及接线端子的位置。

3)风水电专业与BAS的接口工厂调试已经通过。

(3)测试内容

1)测试BAS监测到的风机状态和现场实际状态的一致性。

2)测试BAS对风机的遥控功能。

3)当风机进行正反切换时,风机自行完成切换动作及相应的保护功能。

4)风机处于远程控制时,风机与风机端头风阀的联锁控制由BAS系统实现。

5)风机变频控制柜具备与联锁风阀的联锁控制功能。

11. BAS与电动两通阀调试

(1)测试目的

监视电动两通阀的就地/远方状态,监视电动两通阀门开度,控制电动两通阀门开度。

(2)测试需满足的前提条件

1)风水电的车站设备安装完毕,从BAS到风水电专业的数据线敷设完成。

2)风水电专业单体调试完成,系统运行正常,风水电专业为BAS提供风水电专业设备控制箱及接线端子的位置。

3)风水电专业与BAS的接口工厂调试已经通过。

(3)测试内容

1)测试BAS监测到的电动两通阀状态和现场实际状态的一致性。

2)测试BAS对电动两通阀的遥控功能。

12. BAS与局部排水泵调试

(1)测试目的

根据监控点表监视局部排水泵的运行状态。

(2)测试需满足的前提条件

1)风水电的车站设备安装完毕,从BAS到风水电专业的数据线敷设完成。

2)风水电专业单体调试完成,系统运行正常,风水电专业为BAS提供风水电专业设备控制箱及接线端子的位置。

3)风水电专业与BAS的接口工厂调试已经通过。

(3)测试内容

测试BAS监测到的局部排水泵状态和现场水泵实际状态的一致性。

13. BAS与污水泵调试

(1)测试目的

根据监控点表监视污水泵的运行状态,根据监控点表监视污水泵水池液位信息，在自动状况下车站值班员根据监控点表可以点动控制污水泵启停。

(2)测试需满足的前提条件

1)风水电的车站设备安装完毕，从 BAS 到风水电专业的数据线敷设完成。

2)风水电专业单体调试完成，系统运行正常，风水电专业为 BAS 提供风水电专业设备控制箱及接线端子的位置。

3)风水电专业与 BAS 的接口工厂调试已经通过。

(3)测试内容

测试 BAS 监测到的污水泵状态和现场水泵实际状态的一致性。

14. BAS 与雨水泵调试

(1)测试目的

根据监控点表监视雨水泵的运行状态，根据监控点表监视雨水泵水池液位信息，在自动状况下车站值班员根据监控点表可以点动控制雨水泵启停。

(2)测试需满足的前提条件

1)风水电的车站设备安装完毕，从 BAS 到风水电专业的数据线敷设完成。

2)风水电专业单体调试完成，系统运行正常，风水电专业为 BAS 提供风水电专业设备控制箱及接线端子的位置。

3)风水电专业与 BAS 的接口工厂调试已经通过。

(3)测试内容

1)测试 BAS 监测到的雨水泵状态和现场实际状态的一致性。

2)测试 BAS 对雨水泵的遥控功能。

15. BAS 与主废水泵调试

(1)测试目的

根据监控点表监视主废水泵的运行状态，根据监控点表监视主废水泵水池液位信息，在自动状况下车站值班员根据监控点表可以点动控制主废水泵启停。

(2)测试需满足的前提条件

1)风水电的车站设备安装完毕，从 BAS 到风水电专业的数据线敷设完成。

2)风水电专业单体调试完成，系统运行正常，风水电专业为 BAS 提供风水电专业设备控制箱及接线端子的位置。

3)风水电专业与 BAS 的接口工厂调试已经通过。

(3)测试内容

1)测试 BAS 监测到的主废水泵状态和现场实际状态的一致性。

2)测试 BAS 对主废水泵的遥控功能。

16. BAS 与小型轴流风机调试

(1)测试目的

监视小型轴流风机状态。

(2)测试需满足的前提条件

1)风水电的车站设备安装完毕,从 BAS 到风水电专业的数据线敷设完成。

2)风水电专业单体调试完成,系统运行正常,风水电专业为 BAS 提供风水电专业设备控制箱及接线端子的位置。

3)风水电专业与 BAS 的接口工厂调试已经通过。

(3)测试内容

1)测试 BAS 监测到的小型轴流风机状态和现场实际状态的一致性。

2)测试 BAS 对小型轴流风机的遥控功能。

3)在自动控制状态下,风机就地控制箱根据房间内温度以及温度设定值自行控制风机的启动和停止。

17. BAS 与照明系统调试

(1)测试目的

监视照明回路的开启/断开、远程/就地、故障状态,向照明回路下发控制开关指令。

(2)测试需满足的前提条件

1)风水电的车站设备安装完毕,从 BAS 到风水电专业的数据线敷设完成。

2)风水电专业单体调试完成,系统运行正常,风水电专业为 BAS 提供风水电专业设备控制箱及接线端子的位置。

3)风水电专业与 BAS 的接口工厂调试已经通过。

(3)测试内容

1)测试 BAS 监测到的照明回路状态和现场实际状态的一致性。

2)测试 BAS 对照明回路的遥控功能。

18. BAS 与智能照明调试

(1)测试目的

依据点表监视车站照明的状态,依据点表控制智能照明系统。

(2)测试需满足的前提条件

1)风水电的车站设备安装完毕,从 BAS 到风水电专业的数据线敷设完成。

2)风水电专业单体调试完成,系统运行正常,风水电专业为 BAS 提供风水电专业设备控制箱及接线端子的位置。

3)风水电专业与 BAS 的接口工厂调试已经通过。

(3)测试内容

1)测试 BAS 监测到的智能状照明回路和现场实际状态的一致性。

2)测试 BAS 对智能状照明回路的遥控功能。

19. BAS 与 EPS 调试

(1)测试目的

依据点表监视 EPS 的运行状态。

(2)测试需满足的前提条件

1)风水电的车站设备安装完毕,从 BAS 到风水电专业的数据线敷设完成。

2)风水电专业单体调试完成,系统运行正常,风水电专业为 BAS 提供风水电专业设备控制箱及接线端子的位置。

3)风水电专业与 BAS 的接口工厂调试已经通过。

(3)测试内容

测试 BAS 监测到的 EPS 设备状态和现场 EPS 设备实际状态的一致性。

20. BAS 与 VRV 调试

(1)测试目的

依据点表监视 VRV 室外机的运行状态。

(2)测试需满足的前提条件

1)风水电的车站设备安装完毕,从 BAS 到风水电专业的数据线敷设完成。

2)风水电专业单体调试完成,系统运行正常,风水电专业为 BAS 提供风水电专业设备控制箱及接线端子的位置。

3)风水电专业与 BAS 的接口工厂调试已经通过。

(3)测试内容

测试 BAS 监测到的 VRV 空调运行状态和现场 VRV 空调实际状态的一致性。

21. BAS 与组合空调调试

(1)测试目的

依据通讯接口点表监视组合式空调机组变频器的运行状态;依据通讯接口点表对变频器频率进行设定;依据硬线接口点表监视组合式空调机组的运行状态;根据硬线接口点表控制组合式空调机组运行。

(2)测试需满足的前提条件

1)风水电的车站设备安装完毕,从 BAS 到风水电专业的数据线敷设完成。

2)风水电专业单体调试完成,系统运行正常,风水电专业为 BAS 提供风水电专业设备控制箱及接线端子的位置。

3)风水电专业与 BAS 的接口工厂调试已经通过。

(3)测试内容

1)测试 BAS 监测到的组合式空调机组状态和现场组合式空调机组实际状态的一致性。

2)组合式空调机组处于远程控制时,组合式空调机组与组合式空调机组风阀的联锁控制由 BAS 系统实现。

3)测试 BAS 对组合式空调机组的遥控功能。

22. BAS 与全热交换器调试

(1)测试目的

根据点表监视全热交换器的状态信息,根据点表控制全热交换器。

(2)测试需满足的前提条件

1)风水电的车站设备安装完毕,从 BAS 到风水电专业的数据线敷设完成。

2)风水电专业单体调试完成,系统运行正常,风水电专业为 BAS 提供风水电专业设备控制箱及接线端子的位置。

3)风水电专业与 BAS 的接口工厂调试已经通过。

23. BAS 与扶梯联锁悬挂标识调试

(1)测试目的

根据点表控制扶梯联锁悬挂标识。

(2)测试需满足的前提条件

1)风水电的车站设备安装完毕,从 BAS 到风水电专业的数据线敷设完成。

2)风水电专业单体调试完成,系统运行正常,风水电专业为 BAS 提供风水电专业设备控制箱及接线端子的位置。

3)风水电专业与 BAS 的接口工厂调试已经通过。

(3)测试内容

1)扶梯上行时,扶梯下端扶梯连锁悬挂标识显示通行信号,扶梯上端扶梯连锁悬挂标识显示禁行信号;扶梯下行时,扶梯上端扶梯连锁悬挂标识显示通行信号,扶梯下端扶梯连锁悬挂标识显示禁行信号。

2)扶梯处于检修状态下,该扶梯的上端和下端的扶梯连锁悬挂标识显示禁行信号。

3)火灾工况下,BAS 不向扶梯连锁悬挂标识输出信号,由扶梯连锁悬挂标识自行决定。

24. BAS 与远程水表调试

(1)测试目的

BAS 系统完成对上一天累计用水量的读取。

(2)测试需满足的前提条件

1)风水电的车站设备安装完毕,从 BAS 到风水电专业的数据线敷设完成。

2)风水电专业单体调试完成,系统运行正常,风水电专业为 BAS 提供风水电专业设备控制箱及接线端子的位置。

3)风水电专业与 BAS 的接口工厂调试已经通过。

25. BAS 与压力补水装置调试

根据接口文件调试。

26. BAS 与转辙机融雪装置调试

根据接口文件调试。

综合监控系统环境监控子系统接口关系见图 3-7,FAS 系统接口关系见图 3-8。

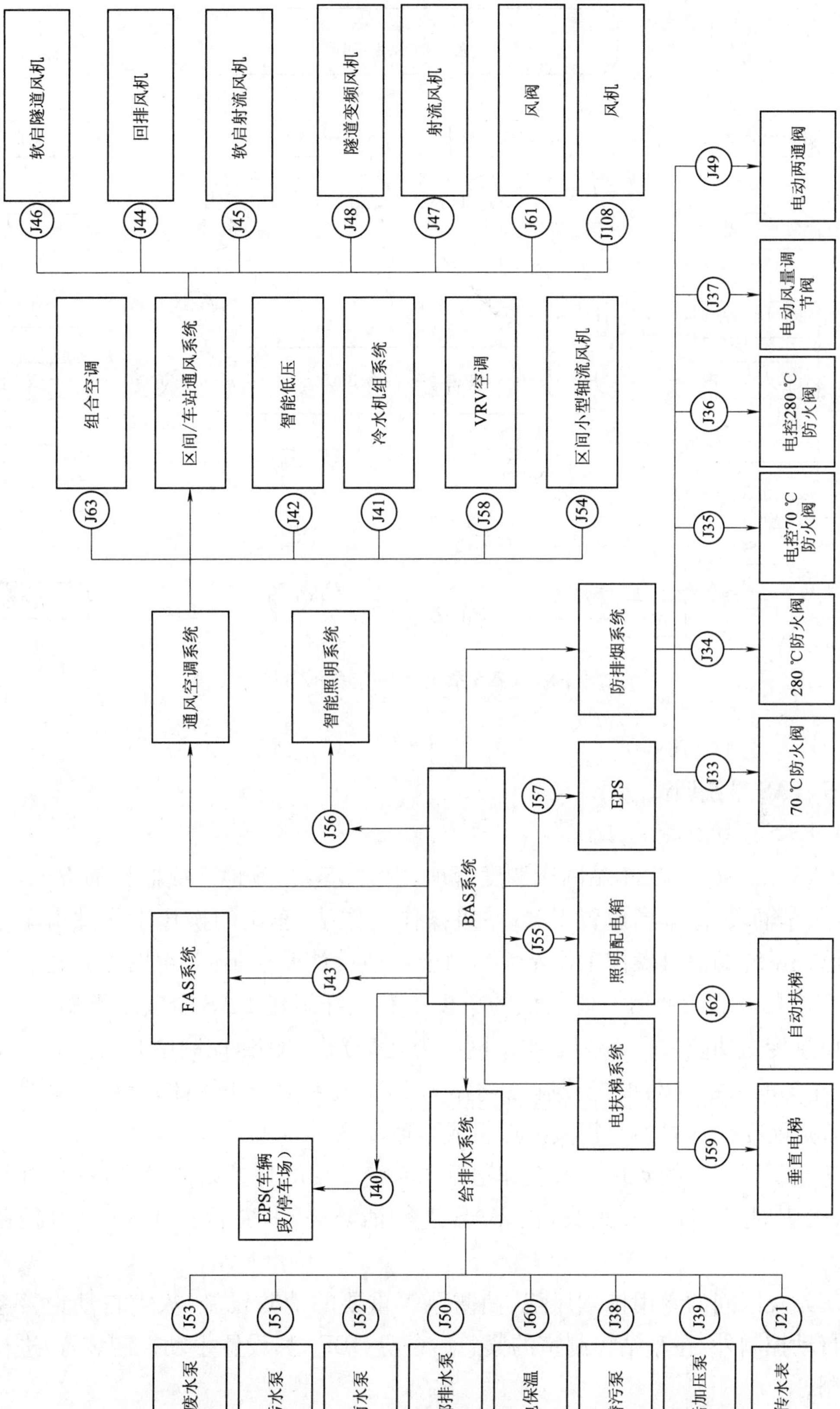

图 3-7 综合监控系统环境监控子系统接口关系示意图

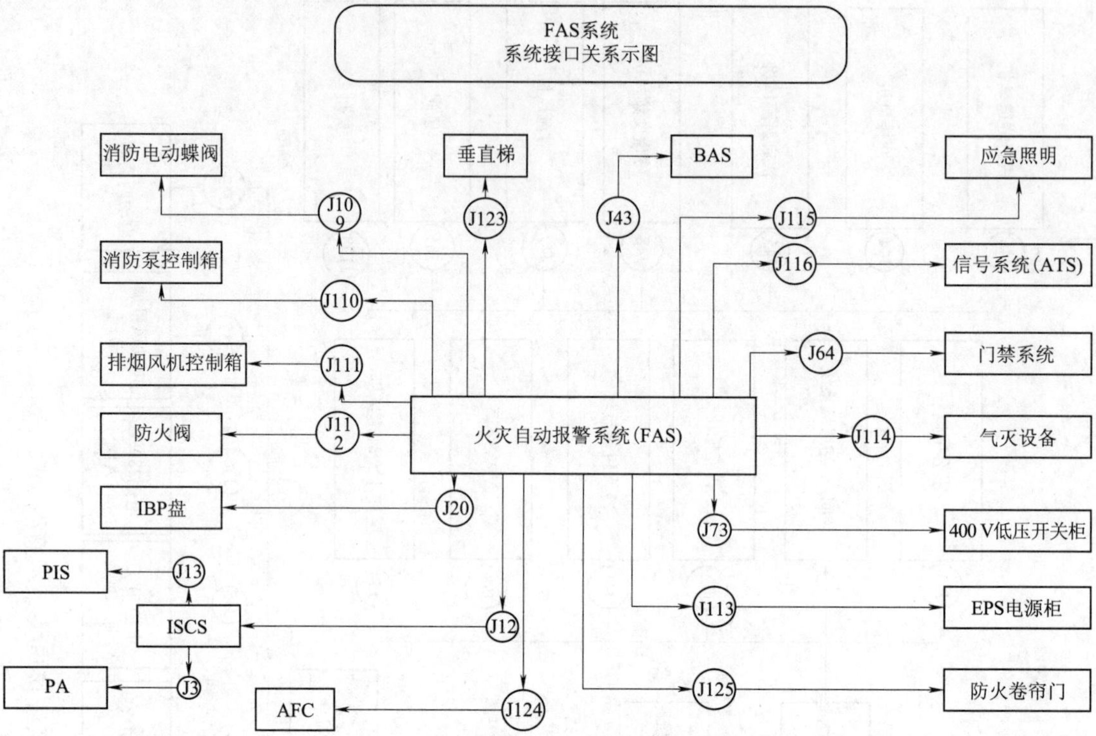

图 3-8　FAS 系统接口关系示意图

五、FAS 系统调试

1. FAS 系统介绍

FAS 系统按中央、车站两级调度管理，中央、车站、就地三级监控的方式设置，在车站、车辆段、停车场设置 FAS 站级操作工作站（车站的操作工作站由车站级综合监控系统的值班操作工作站兼），由于各地设计要求不同，组网方式也不尽相同。FAS 可以利用通信专业提供的单模 4 芯光纤组建 FAS 全线主干网，完成其全线信息传送功能。FAS 全线主干网络为冗余光纤网络，控制中心、各车站、车辆段、停车场的火灾自动报警控制器均作为 FAS 全线主干网络的节点。全线主干网的节点能在任意时刻与相关节点组成自愈环网。

车站及区间内的防排烟系统和送排风系统共用的环控系统设备，正常由 BAS 监控；火灾时，FAS 探测火灾，由 BAS 进行消防联动，并保证 FAS 具有控制优先权。

车站及区间的专用排烟风机、消防泵等重要的消防设施，火灾自动报警系统除设自动控制外，在车站控制室的紧急后备盘（IBP 盘）设置手动控制装置，进行手动控制。

气体自动灭火系统自成系统，独立完成保护区内的火灾报警及气体喷放等监控功能，并通过通信接口将信息上传车站级 FAS。

2. FAS——BAS 系统接口调试

BAS 接收到 FAS 的火灾指令后，对于正常工况和火灾工况兼用的设备，正常工况由 BAS 监控管理，火灾时由 FAS 发出指令，BAS 执行联动控制，由正常工况转入火灾模式运行，火灾工况具有优先权。

FAS 通过此接口向 BAS 传送部分 DC 24 V 防火阀等 BAS 所需要的信息。

3. FAS——ACS 系统接口调试

FAS 向 ACS 发送确认的火警信号，由 ACS 联动打开所有门禁点，以便于人员疏散逃生。FAS 接收并显示 ACS 提供的门禁打开的信息。

4. FAS——AFC 系统接口调试

FAS 向 AFC 发送确认的火警信号，由 AFC 联动打开所有检票闸门，以便于人员疏散逃生。FAS 接收并显示 AFC 提供的闸机全部打开的信息。

5. FAS——气体灭火系统接口测试

FAS 监视车站气体灭火系统设备运行状态、故障等信息，并对设备信息进行及时处理。

气体灭火控制器能够独立完成相应区域的气体灭火系统系列动作，反馈信息准确上传至 FAS 主机。

6. FAS——给排水及消防系统接口调试

(1)调试设备

FAS 专业与给排水系统接口调试设备主要有：消防泵、喷淋泵、消防水管电动蝶阀等设备。

(2)调试内容

FAS 采集和控制主备消防泵的运行状态、消防水管压力信号等。

手动直接控制(IBP 控制)完成对消防泵的运行和停止控制，并采集消防泵的运行信号和停止信号等。

FAS 通过 I/O 模块控制电动蝶阀开启或关闭，并通过输入模块采集电动蝶阀的开启状态、关闭状态、故障报警信号。

FAS 自动控制(I/O 模块控制)采集和控制喷淋泵配套设备的运行信号、停止信号、故障信号、手/自动转换开关位置信号等。

7. FAS——低压配电系统接口调试

(1)调试设备

FAS 专业与低压配电系统接口调试设备主要有：EPS 应急配电柜、专用排烟风机控制箱、防火阀。

(2)调试内容

1)火灾时，FAS 通过通信接口控制应急照明总开关接通，并采集反馈信号。

2)FAS 能够控制防火阀的开启和关闭,并采集阀门开启信号、关闭信号。

3)FAS 自动控制采集和控制排烟风机的运行信号、停止信号、故障信号、手/自动转换开关位置信号。

4)手动直接控制(IBP 控制)完成对排烟风机的运行和停止控制,并采集排烟风机的运行信号和停止信号等。

5)FAS 能够控制 DC 24 V 防火阀的开启和关闭,并采集阀门开启信号、关闭信号。

8. FAS——供电设备系统接口调试

FAS 向牵引供电设备系统中 400 V 开关柜中非消防电源抽屉提供切非信号,400 V 非消开关接到切非信号后能跳闸并向 FAS 反馈接收信号。

9. FAS——建筑防火卷帘门接口调试

FAS 监视防火卷帘门的工作状态信息。FAS 控制防火卷帘门的下降,接收防火卷帘门提供的下降状态。

10. FAS——换乘站 FAS 接口调试

换乘车站之间 FAS 通过接口实现互通火灾信息,互相协助救灾,共同保证安全疏散乘客。

第四章　贯通调试篇

随着近年来轨道交通建设的提速，部分地铁线路采用了分段开通的模式，例如，见图 4-1。对于分段开通的地铁线路，除了前期的预留准备外，在后续线路开通时，还存在大量的贯通调试工作，贯通调试的难易程度也因线而异。有的线路采用了停运调试的方式，而有的线路的贯通调试则是在正常运营的提前下完成的。本章主要叙述各个关键专业的贯通调试与管理工作。

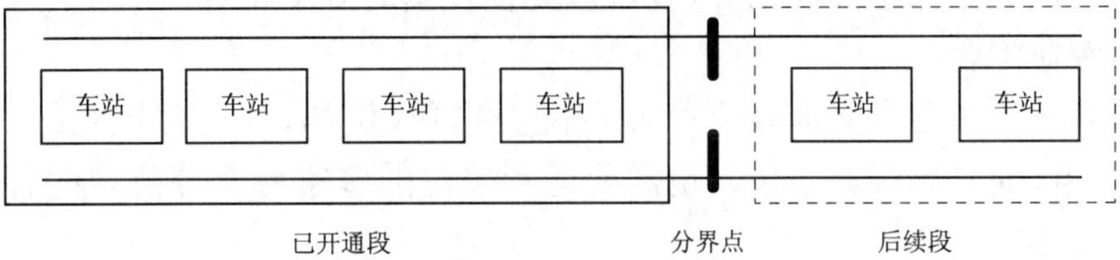

图 4-1　贯通调试示意图

第一节　各专业贯通调试简介

地铁设备系统主要包括：通信系统、信号系统、供电系统、综合监控系统（含 PSCADA、BAS）、FAS 系统、PIS 系统、ACS 系统、AFC 系统、电扶梯、安全门、给排水、动力照明、通风空调系统等。以上系统根据对贯通运营的影响可以分两类：第一类，需要与已开通段直接贯通，并对已开通段的系统有直接影响的系统，包括通信系统、信号系统、供电系统、综合监控系统（含 PSCADA、BAS）、FAS 系统、PIS 系统、ACS 系统、AFC 系统。第二类，通过 ISCS、FAS 系统与已开通段系统间接联系的系统，包括电扶梯、安全门、给排水、动力照明、通风空调系统等。

通风空调系统、给排水系统被分成了相对独立的两段，系统上没有必然联系，不存在两段间的联动控制问题。通风空调系统、给排水系统、电扶梯、安全门、动力照明系统基于后续段或车站为独立单元进行安装和调试。设备运行状态及故障状态等信息的采集通过贯通后的 ISCS 系统和 FAS 系统实现。因此在两段的系统贯通调试中重点介绍通信系统、信号系统、供电系统、ISCS、FAS、PIS、ACS、AFC 系统。

各专业在前期安装过程中，需充分考虑分段开通线路的复杂性，在后续线路分界处或分界车站做好前期的预留准备工作，从而方便后续线路的施工安装。如图 4-1 所示，开通段开始试运营后，其管辖范围内的所有设备、设施都纳入运营管理的范畴，严禁一切施工调试工作，各施工单位为保证后续路线的正常建设，其线路、光电缆、接触网、波导管等连续性设备需安装到分界点处。

分界点作为开通线路与后续线路的分隔点，其选择非常关键，通常设置在供电分区之间、接触轨断开点、联锁区之间等，分界点处还需设置防护设施，避免施工人员闯入运营区段，同时安装液压车挡避免运营车辆驶入后续区段，保证安全。

第二节 贯通调试管理

贯通调试工作由于涉及已开通段，因此往往具有如下特点：

1. 多专业配合

贯通调试工作通常会涉及多个专业配合作业（例如，综合监控系统贯通会涉及机电、供电、通号等多家单位），也需要运营单位的多家专业分公司配合，同时涉及多家设备用房。

2. 安全要求高

贯通调试由于改变了既有设备的相关设置，存在影响次日开通段正常运营的可能性，因此对调试工作的安全要求极高，往往需要调试单位做好应急预案，避免突发事件。

3. 非运营时段作业

由于涉及到运营线路，贯通调试作业通常在夜间非运营时段进行，调试时间非常紧张。

第三节 综合监控专业贯通调试

1. 施工工作量清单（表 4-1）

表 4-1 施工工作量清单

序号	项 目	备 注
1	全线各站 ISCS 单调	完成站级 ISCS 数据库配置、界面编辑等工作
2	站级 ISCS 调试	完成 ISCS 与 PSCADA、BAS、CCTV、PA 等接口调试
3	控制中心 ISCS 数据库配置、程序编写、界面修改等	在控制中心综合监控设备室及调度大厅完成该项工作
4	各车站 ISCS-控制中心调试	在控制中心及各车站完成该项工作

2. 实施组织计划前提条件

STP 系统原理见图 4-2。

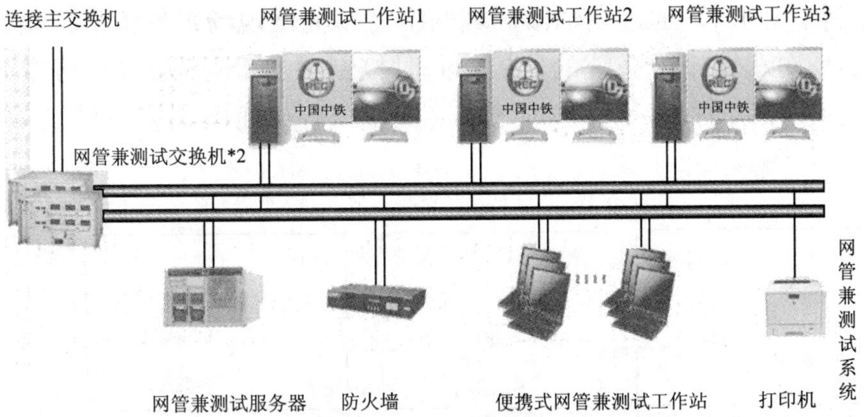

图 4-2 STP 系统原理图

调试车站与中心的调试在网管工作站上进行，所有调试车站上传的信息只能上传至 STP 服务器，不进入已运营服务器中，保证不干扰已运营区段的正常调度。

3. 实施组织具体方案

综合监控系统结构见图 4-3。

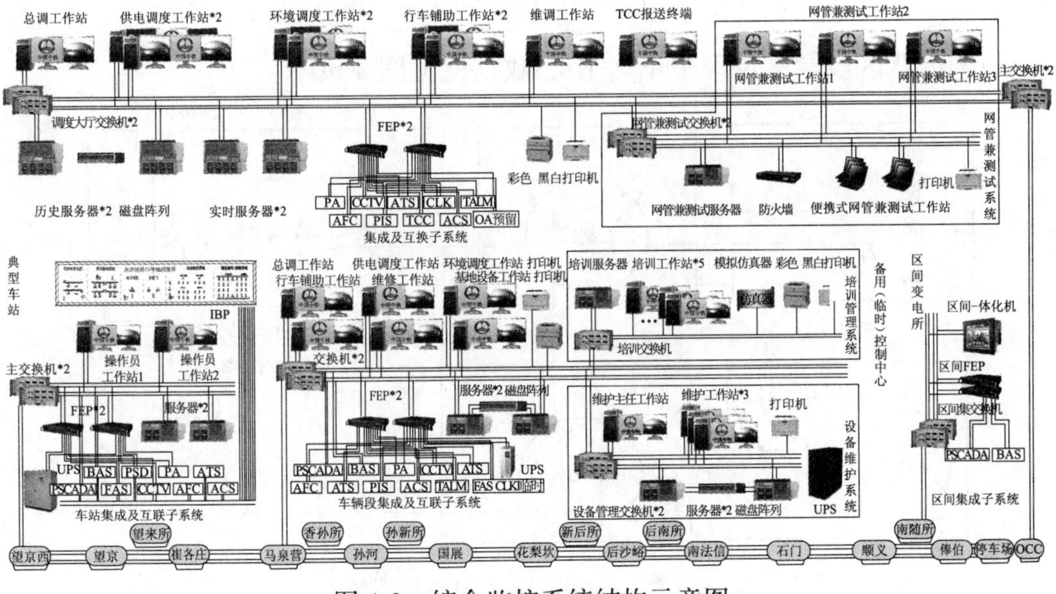

图 4-3 综合监控系统结构示意图

为了保证未运营区段的安装调试不影响已经运营的系统，在未运营区段的引入和衔接时充分利用系统软件测试平台（STP），在 STP 平台的服务器、工作站等设备上安装与已运营区段相同的系统软件、数据库软件、监控软件以及维护管理软件。未运营区段先接入 STP 进行调试，依靠系统平台中的平台分布管理软件及配置文件，将未运营区段车站以 STP 服务器为中心服务器，这样可满足未运营区段信息只上传至 STP 系统。为解释上述内容，现将已运行区段运行的数据流及未运营区段调试时的数据流进行分析说明。

1)控制中心 ISCS 通过车辆段局域网络将车辆段现场级的信息汇集到备用中心,从而实现对车辆段子系统的监控。同时控制中心 ISCS 通过全线主干网将已运营区段各车站级的 ISCS 信息汇集到控制中心,从而实现多系统的综合监控。见图 4-4。

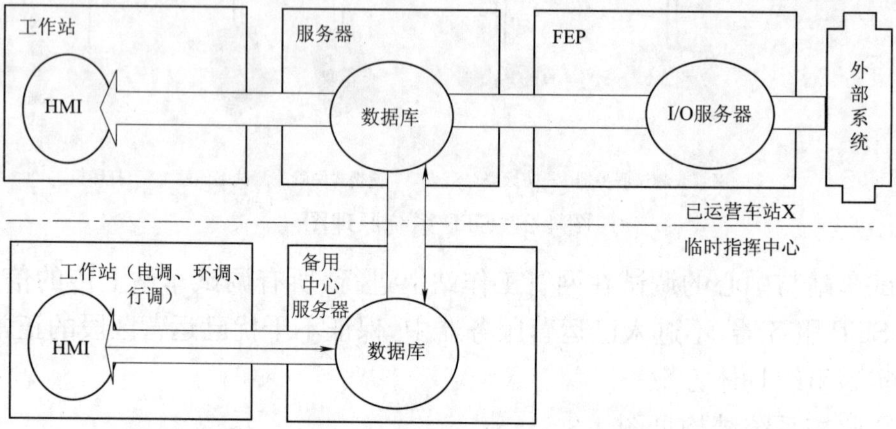

图 4-4　已运营区段车站-中心数据流

2)未运营区段调试过程中车站-中心数据流见图 4-5。

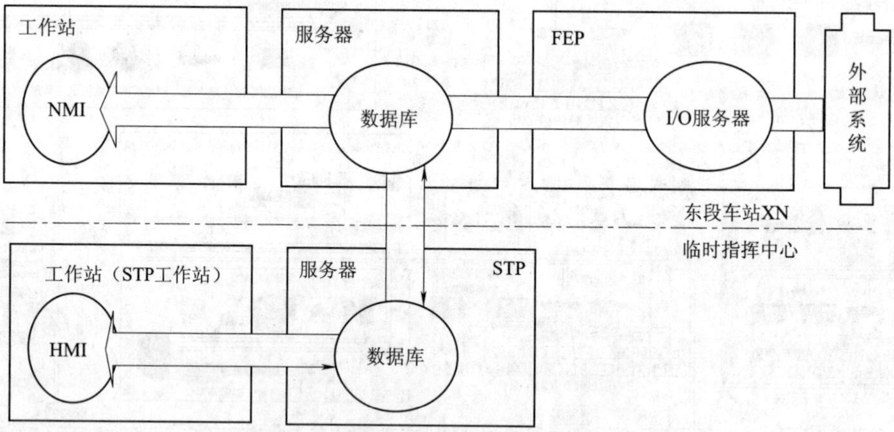

图 4-5　未运营车站-中心数据流

待 STP 调试完成后,在非运营时间将 STP 内所有调试好的涵盖全区段的程序、软件下载在临时控制中心硬件平台上,这样可以实现在已运营区段软硬件基础上实现对全线的统一调度管理。

4. 倒接相关配合事宜及具体安排

综合监控系统接入工作将在地铁停运的时间段内完成,相关的接口厂家抵达现场参与倒接工作,并负责各自系统的倒接后的功能的完备性并且验证综合监控系统倒接后 ISCS 功能的完备性。ISCS 倒接时,作业人员需要在控制中心、调试车站设置相关的技术人员完成本次倒接及测试，见表 4-2。

表 4-2 倒接工作安排及配合事宜

倒接工作地点（需要的设备房间）	倒接工作安排	倒接时需配合事宜
● 控制中心综合监控设备室和调度大厅 ● 某车站综控机房、综控室、变电所机房	倒接前准备工作 ● 检查后备中心工作站、服务器、STP 服务器、磁盘阵列工作是否正常 ● 检查控制中心相关的软件服务是否正常 ● 检查系统内各个设备网络连接正常 ● 检查车站综控机房、综控室相关工作站及服务器设备工作是否正常 ● 检查变电所综合自动化系统设备是否工作正常 ● 检查系统主要功能是否正常	● 进入控制中心和车站综控机房需要相关部门协助办理相关进门手续 ● 倒接成功的前提是通信骨干网正常工作，在检查中一旦发生骨干网络故障，需要厂家及时解决
● 后备中心机房和大厅	倒接工作 ● 将 STP 服务器和后备中心服务器进行倒接，检查服务是否正常工作 ● 服务倒接后检查后备中心的工作站、服务器、磁盘阵列是否正常工作	● 进入后备中心和车站综控机房需要相关部门协助办理相关进门手续
● 某车站综控机房、综控室	● 检查倒接后车站综合监控系统的服务器、工作站是否正常工作 ● 检查系统倒接后综合监控系统基本功能是否正常	● 倒接的成功的前提是通信骨干网正常工作，在检查中一旦发生骨干网络故障，需要通讯厂家及时解决
● 控制中心大厅 ● 某车站变电所、站厅、站台和综控室	BAS、PSCADA、PSD、FAS 专业倒接后的功能检测工作 ● PSCADA 主要功能的测试 ■ 监视功能测试 ■ 单控功能测试 ■ 停送电顺序控制功能测试 ● PSD 主要功能的测试 ■ 状态监视功能测试 ■ 故障报警功能测试 ● BAS 主要功能的测试 ■ 监视功能测试 ■ 时间表管理功能测试 ● FAS 主要功能的测试 ■ 监视功能测试	● FAS 厂家进行状态模拟 ● 运营单位通过 IBP 盘进行强制打开 PSD 门 ● 运营单位和 ISCS 施工方在变电所对开关的动作情况进行确认 ● 运营单位对照明的动作情况进行确认 ● 需要总调在控制中心大厅进行相关的单控、停送电顺序控制操作和时间表的下载和读回操作 ● 需要总调在控制中心大厅进行相关监视功能的检查和结果的确认 ● FAS 厂家、BAS 厂家及施工单位在发生故障的情况下进行检查和问题分析

续上表

倒接工作地点(需要的设备房间)	倒接工作安排	倒接时需配合事宜
● 控制中心大厅和机房 ● 某车站的站厅、站台和综控室	控制中心中心互联系统倒接后的功能检测工作 ● CCTV 主要功能的测试 ■ 摄像机选择切换功能(上行首、下行尾监视画面选择) ■ 云台摄像机 P/T/Z 功能和预置位功能(变电所球机、付费区球机) ■ 大厅 OPS 显示功能	● 需要总调在控制中心大厅进行 CCTV 画面的切换及 P/T/Z 控制操作和结果的确认 ● 需要大屏厂家配合画面的显示,需要总调在控制中心对 OPS 的视频图形显示功能进行确认 ● 需要 CCTV 厂家及其施工单位在控制中心配合调试和确认相关的功能,如发现问题,及时进行处理 ● 需要运营单位、ISCS 施工方、CCTV 厂家及其施工单位在某进行相关操作执行情况的确认
● 控制中心大厅和机房 ● 某车站的站厅、站台和综控室	● PA 主要功能测试 ■ 实时话筒广播功能 ■ 广播预录制语音信息功能 ■ 监听广播信息功能	● 需要总调在控制中心大厅进行实时广播、监听和控制操作和预录制信息的选择和结果的确认 ● 需要 PA 厂家及其施工单位在控制中心配合调试和确认相关的功能,如发现问题,及时进行处理 ● 需要运营单位、ISCS 施工方、PA 厂家及其施工单位在某站进行相关操作执行情况的确认
● 控制中心大厅和机房 ● 某车站的站厅、站台和综控室	● PIS 主要功能测试 ■ 自定义信息发布测试 ■ 预定义信息发布(例如 001 号-本站临时关闭,请您改乘其他交通工具,由此给您带来的不便,请您谅解,特此告知。) ■ 设备状态监视	● 需要总调在控制中心大厅进行自编辑信息并进行发布、预定义信息进行发布 ● PIS 厂家及其施工单位在临时控制中心配合调试和确认相关的功能,如发现问题,及时进行处理 ● 需要运营单位、ISCS 施工方、PIS 厂家及其施工单位进行相关操作执行情况的确认
● 控制中心大厅	地铁正式投运前的各准备工作由总调在控制中心按照正常的运营流程进行相关的投运前准备工作	● 需要总调在控制中心进行相关的操作 ● 全线车站综控员和变电所值班员准备在不成功情况下的站级或手动就地操作

第四节　通信专业贯通调试

一、通信系统

第一阶段：区间线缆具备引入条件后将各系统线缆先引入至通信电缆引入间。

第二阶段：将就绪的各系统线缆开剥、成端并做好相应的标签。

第三阶段：将成端后的线缆进行测试，测试完毕后将机柜恢复。

1.施工方案

(1)劳动力组织(表4-3)

表4-3　劳动力组织

序　号	施工人员	单　位	数　量	备　　注
1	安装工程师	人	5	安装工艺负责
2	调试工程师	人	5	调试效果负责

(2)工机具配备(表4-4)

表4-4　工机具配备

序　号	名　　称	规　格	单　位	数　量
1	人字梯	2.5～3 m	把	2
2	常用工具		套	3
3	光缆熔接机		套	1
4	OTDR		套	1
5	光源光功率		套	1
6	打线刀		把	2

(3)施工流程(图4-6)

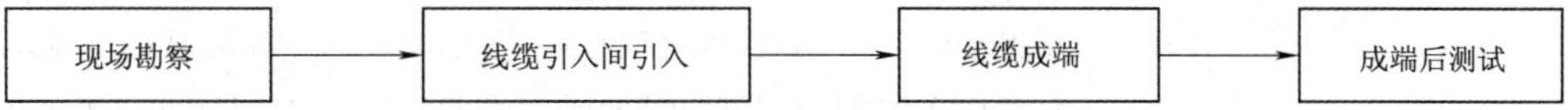

图4-6　施工流程图

安装流程：

1)现场勘察，检察现场是否满足安装要求。

2)将各系统线缆引入至通信线缆引入间。

3)将就绪电缆成端。

4)成端后线缆测试。

2. 安全保障措施

施工前,与相关单位签订施工配合协议,明确双方责任,确保施工安全。施工中,严格执行、遵守安全管理的各项规章制度。加强施工检查,保证安全施工。具体措施如下:

(1)所有参加施工的人员施工前进行施工安全培训教育,且考试合格后方可上岗作业。

(2)施工严格设置施工安全防护,未设好施工防护不进行施工作业.

(3)做好与运营单位配合,开工前必须进行施工调查,对其他专业各种设备、电缆做出必要的防护,严禁影响其他专业正常运行。

(4)各个岗位必须严格坚守,不得擅离职守。

二、传输系统

1. 实施组织计划前置条件

所有传输系统设备单机调试完毕,光缆贯通并成端测试完成。

2. 实施组织具体方案

(1)割接步骤总体描述

割接操作步骤见表 4-5。

表 4-5 割接操作步骤

序号	项　目	详细操作内容
1	割接前的准备工作	未运营区段至控制中心光纤连通并调整好光功率,未运营区段至临时控制中心光纤连通并调整好光功率。检查控制中心、临时控制中心、TCC 既有设备状态及端口配置
2	正式割接操作	先进行未运营区段传输环的组网,在完成车站的单机调试和车站光路连通后,将车站与控制中心和车辆段连通组成传输环,完成后可配置传输系统 2 M 业务保证先开通公务电话、专用电话、无线系统业务;再进行传输系统的以太网业务配置,在车站的以太网业务基本调试完成后再将车站加入到 RPR 环网中来。传输系统以太网 RPR 环贯通以后对现有以太网业务进行功能验证,以免对第二天的运营造成影响,并对新开通的重要以太网业务进行调试验证是否已与已运营区段车站和中心贯通
3	后期检查项目	检查光路光功率、误码等情况是否正常; 检查设备数据配置和性能情况,检查网元数据的完整性; 测试业务是否正常;

续上表

序号	项　目	详细操作内容
3	后期检查项目	测试和其他系统对接端口是否正常； 查看有无异常告警，如有尽快排除； 对设备进行连续观测，查看是否有异常情况； 再次检查确认传输所有业务状态正常。 进行所有数据的备份，并对经过调整的端口做好记录和标记。 网元运行状态检查； 网元告警性能核对； 复用段配置情况、状态检查； 主机复位记录检查； 单板情况检查； 网元 ECC 路由检查； 时钟源级别和当前时钟检查； 数据库一致性检查； 进行环上的断纤倒换测试。
4	留守保障	

(2)应急预案

当出现表 4-6 所列业务在规定的时间内(距离第二天开始运营时间还有 2 h 时)无法解决时，则均视为割接失败，需要马上启动应急预案，执行回退工作。

表 4-6　业务类别

序号	专业名称	影响专业名称	影响业务接口类型
1	传输系统	综合监控	以太网/光纤
2		电能质量管理	以太网
3		专用电话	2 M
4		公务电话	2 M
5		专用无线	2 M
6		自动售检票系统	以太网
7		乘客信息系统	以太网
8		广播系统	以太网

在规定时间到达前发现以上问题时，需要根据需要将配置倒回。

在进行割接的过程中，如果出现异常情况如光功率接收不正常，可以先将光纤连接回原来状态，处理后再割接。

1)倒回前信息收集

在进行操作之前记录原来站点的信息，以便倒回时的配置和倒回后的检查工作。采集全网告警信息，以便倒回后进行业务的恢复。

最终和监控人员联系，确保业务恢复与否。

2)倒回步骤

① 将原设备加电，检查数据；

② 将光纤倒回，连接到原状态；

③ 通过以上步骤即可恢复原来的配置，需要网管对业务确认。

3)设备状态检查

系统倒回后，检查原来的网络配置，检查新加网元的业务配置和保护组配置。

4)倒回测试

倒回后，网管检查传输告警情况，确保传输侧没有问题，并请局方进行业务确认，查看是否有业务中断。

5)倒回风险分析

倒回操作影响全网范围，影响和风险程度同割接。

三、电话系统

1. 实施组织计划前置条件

为了组织实施方案的顺利进行，在进行正式贯通调试之前，需要做好以下几个方面的准备工作：

(1)所有车站的公务电话系统、专用电话系统、录音系统都已经完成单机调试。

(2)所有车站对车辆段的传输通道都已经开通。

(3)所有车站综控室都已经安装了值班台及调度分机等，并且都已经派人值守。

(4)控制中心调度大厅内所有调度台上都已经添加了未运营区段所有车站的按键标签。

2. 实施组织具体方案

在进行贯通调试施工之前，需要施工人员认真阅读机房相关规定及注意事项，并在配合人员的监督下进行相关施工工作。贯通调试施工完毕之后，需要对所实现的功能进行相关测试验证工作，主要包括以下几个方面：

(1)专用电话系统(表 4-7)

表 4-7　专用电话系统

测试项目	标准、要求
行调调度台	调度台使用单呼呼叫任一车站，正常通话
	调度台使用单呼叠加呼叫多个车站，正常通话
	调度台使用组呼呼叫所有车站，正常通话
	调度台任选呼叫任一个或多个车站同时通话

续上表

测试项目	标准、要求
行调调度台	调度台任选一个或多个组呼呼叫全线多个车站同时通话
	调度台群呼全线所有车站同时通话
电调调度台	调度台任选一个车站进行呼叫，正常通话
	调度台任选车站进行呼叫，正常通话
	调度台呼叫所有车站，正常通话
	调度台群呼全线所有车站，正常通话
调度分机	任选一个车站调度分机呼叫调度台，正常通话

(2)公务电话系统(表 4-8)

表 4-8　公务电话系统

测试项目	标准、要求
市　　话	任一车站公务电话分机进行市话呼叫测试
长　　途	任一车站公务电话分机进行长话呼叫测试
互拨测试	全线任一两台分机进行通话测试
跨线测试	任一车站分机呼叫其他地铁线路电话

(3)录音系统(表 4-9)

表 4-9　录音系统

测试项目	标准、要求
查看录音	通过控制中心网管室远程查询终端查看录音通话记录
下载录音	通过控制中心网管室远程查询终端下载任一车站的录音通话记录
播放录音	通过控制中心网管室远程查询终端播放任一车站的录音通话记录

四、无线系统

1. 实施组织计划前置条件

(1)各站的设备单机调试已经完成。

(2)电源系统运行稳定。

(3)传输系统已经完成贯通调试，并且与中心已经互通。

2. 实施组织具体方案

无线系统贯通调试主要涉及到基站设备及终端设备，在中心需要将未开通区段的资源加入到无线系统的相应设备中去。单机调试完成后，与中心互联，中心网管上会有相应的显示，表示设备已经加入到系统中，并且相应的工作状态也能反映出来。贯通调试时，无线系统会安排工程师在控制中心及各个站点，贯通调试完成后，中心会通过无线调度台及其相关设备由站内工程师配合下，完成无线系统的各项功能。

五、时钟系统

1. 实施组织计划前置条件

时钟的传输网络接入传输环路。

2. 实施组织具体方案

(1)二级母钟能够接收到中心母钟的标准时间信号，并能与中心母钟保持同步。

(2)在控制中心控制中心的时钟网管终端上，能正确看到各车站时钟设备的工作状态。

六、闭路电视监视系统

1. 实施组织计划前置条件

在贯通调试开始之前，必须保证各车站的闭路电视监控系统设备安装完成，包括摄像机、视频服务器、编解码器、隔离地变压器、多功能控制器、网管主机等设备。同时，站内视频服务器已可以管理本站所有摄像机，包括图像显示、云台控制、录像管理等功能。

2. 实施组织具体方案

(1)贯通调试开始之前，需检验系统是否具备贯通调试的条件。首先，检查各车站的闭路电视监控系统的摄像机安装是否完成；而后，检查机柜设备安装是否正确；最后，检查站内图像管理是否正常。

(2)当确定具备贯通调试条件的时候，即开始进行系统贯通调试。首先进行的是图像信息系统贯通调试，之后进行网管信息系统贯通调试。

(3)在图像系统贯通调试的过程中，首先要对各车站的视频服务器进行参数配置；而后在控制中心的中心视频服务器远程添加各车站信息。添加完成后，在中心视频服务器上重新载入全线视频图像信息，如果可以查看所有车站图像，即可验证图像系统贯通调试成功。

(4)在完成图像系统贯通调试之后，即进行网管系统的贯通调试。首先要对未开通区段站点的设备进行网管前端配置，包括网管主机、磁盘阵列、视频光端机等设备；而后更新控制中心网管服务器的数据库信息，添加未开通区段站点所需参数。添加完成后，如果可以接收到站点设备发送的网管信息，即可验证网管系统贯通调试成功。

七、广播系统

1. 实施组织计划前置条件

(1)车站单站调试完毕;

(2)车站传输与临时控制中心通道测试完毕。

2. 实施组织具体方案

(1)检查车站设备状态,保证设备正常运行;检查车站传输通道状态,确认与临时控制中心连通正常。

(2)检查控制中心设备状态,确认设备正常;再次核查控制中心链路状态,确认正常。

(3)控制中心与车站分别配置人员验证功能。

验证内容包含:网管对车站的监测;中心对车站的广播功能;中心对车站的监听功能。

对上述内容逐个车站进行验证,并排除验证过程中出现的问题。

第五节 信号专业贯通调试

信号专业贯通调试工作是分段开通线路贯通调试工作的重点和难点,信号专业贯通调试涉及信号地面设备系统贯通(DCS、CI、ATS等)以及车载系统的贯通。

1. 地面设备系统贯通

信号系统在分段开通时已按照全线规模容量进行设计,控制中心设备容量已考虑后续段工程的接入,后续段工程无需对既有控制中心进行扩容。

开通段、后续段贯通前,需将开通段在终点站临时封闭的骨干网络闭环打开,与后续段的网络连通,构成新的闭环网络通道。其中,ATS和CI网为双环自愈网,监测网为单环自愈网,如图4-7所示。

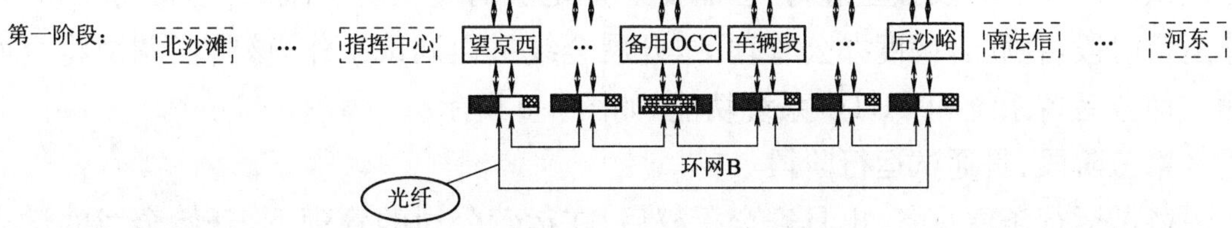

图4-7 组网结构图

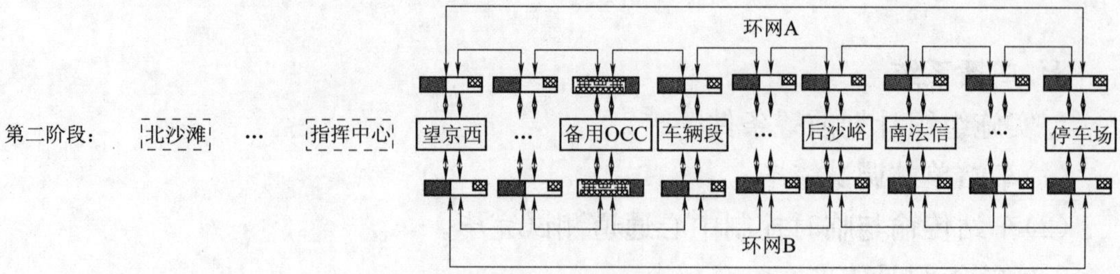

图 4-7　组网结构图(续)

待网络贯通后，需对 CI、ATS 软件进行系统升级，使其支持整个线路。

2. 车载运行贯通

车载贯通调试工作一般分为三个阶段：

第一阶段：分段独立调试阶段

以分段开通线路分界点为基础，开通段和后续段分别独立组织调试工作。开通段由运营公司管理，运营时段组织载客运营，非运营时段独立进行调试。后续段由联调方管理，根据线路特点（不具备小交路时，进行拉抽屉式调试）独立组织调试工作，如图 4-8 所示。

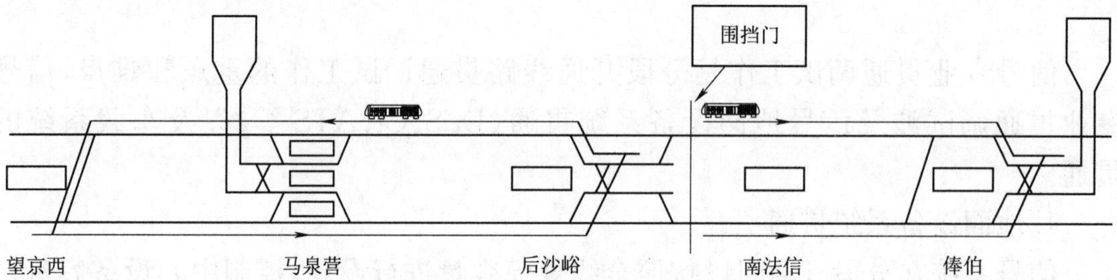

图 4-8　分段调试示意图

第二阶段：夜间贯通调试阶段

第二阶段时联调方需要完成对运营公司的三权移交工作，将后续线路的调度管理权移交给运营公司，并组成联合调度办公机构。

分界点围挡门、临时车挡拆除完毕，在运营时段，运营公司组织载客运营，信号调试可以在后续段独立进行，但需要保证足够的安全防护距离（通常为 3 km）。非运营时段，在联合调度办公管理下，开展全线贯通调试工作，该阶段调试将全面测试信号后备系统和 CBTC 系统功能，如图 4-9 所示。

第三阶段：贯通试运行阶段

待试运行条件具备、出具安全授权后，在运营公司的管理下，开始全线的试运行。列车需要在开通段终点站清客，避免乘客进入未开通段。该阶段将进行信号系统的全功能测试，按运行图检验信号系统的可靠性、稳定性，到达开通运营的标准,如图 4-10 所示。

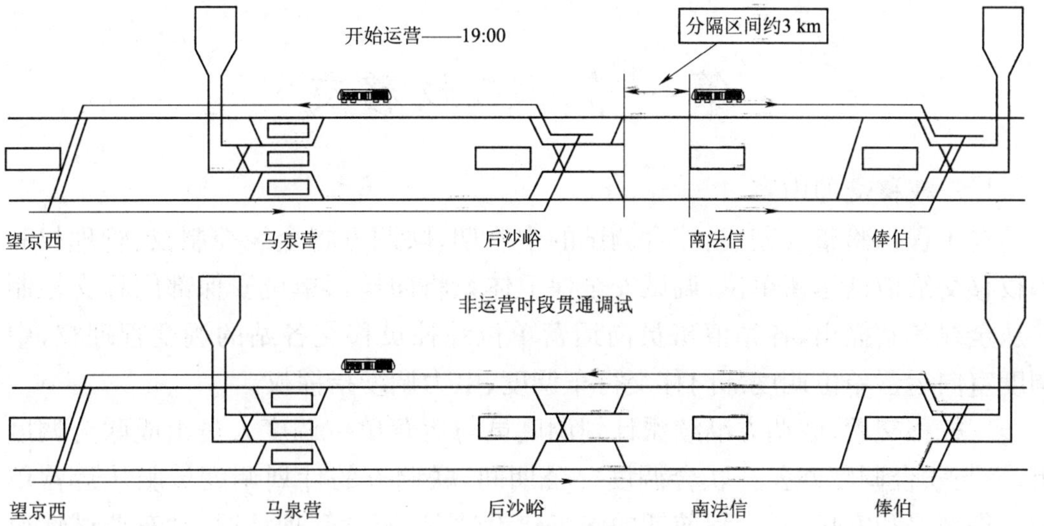

图 4-9　贯通调试示意图

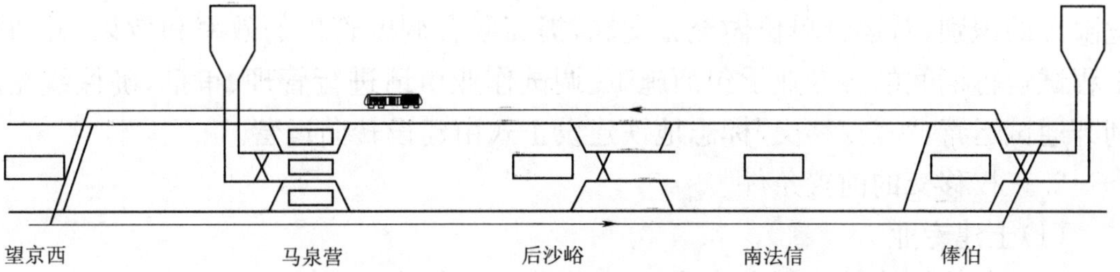

图 4-10　贯通运行示意图

第五章　三权移交及试运行

第一节　三权移交

1. 三权移交的内容

在工程初验整改完成、综合调试的中后期，联调方将全线控制权、管理权和指挥权移交给地铁运营单位，调试安全保卫体系将向运营单位安保部门移交控制权并从全线各站撤出，各站值班员向运营单位综控员移交各站的调度管理权，中心调度室向运营单位调度部门移交行车调度、电力调度指挥权。

三权移交后，联调方继续派计划调度员与运营单位调度人员组成联合调度小组，参与联合调度办公。联合调度办公期间，联调方的计划调度员服从运营单位的工作部署和安排，对工程前期的施工建设情况、调度管理情况、动车调试情况等相关内容进行详细地交底和帮助，协助运营单位完善工程调度管理、行车调度管理以及供电调度管理。对于工程前期暴露出的一些问题和隐患，以及项目中重大危险源的识别，对运营单位做充分交底，提高联合调度管理的效率和效果，并协助工程试运行期间的各专业承包商施工、调试作业申请进行管理、审批，确保线路顺利开通试运营，"三权移交"标志地铁建设正式由建设转向运营。

2. 三权移交的前置条件

(1)土建专业

车站主体结构及区间完成施工，并提供验收报告；

各车站至少一个出入口具备安全通行条件，其余出入口具备封闭条件；

各车站站厅站台层装修基本完成，封闭完成；

全部管理用房、设备用房装修完成，并具备使用条件；

车辆段各建筑设施投入使用，具备基础生活条件。

(2)轨道专业

完成对线路、接触轨、道岔等设备及附属设备的安装、调试工作，并提供线路设备初验报告；

提供钢轨探伤报告；

提供其他专业在钢轨上进行焊接、栓接的探伤报告；

安全标志、疏散标志、信号标志、线路标志、停车标齐全。

(3)机电专业(风水电)

水量、水压满足生产、生活、消防用水要求；

饮用水达到卫生标准，并提供水质检验合格报告；

提供给水设备安装、调试报告；

提供给水管网打压测试报告；
排水系统投入使用，并提供排水设备安装、调试报告；
动照系统具备照明条件；
风空调系统安装完成，投入使用。
(4)供电专业
外电源引入具备试运行条件；
供电系统调试完成，试验报告齐全，通过预验收，并提供预验收报告；
牵引供电系统具备构成双边供电和大双边供电方式的能力和条件；
完成本所电力监控系统的测试，提供测试报告并投入使用；
实现杂散电流防护功能，并提供测试报告；
储能式吸收装置投入使用。
(5)调试专业
全线及车辆段等行车线路完成限界测量，并提供测试报告；
冷滑结束，完成热滑试验，提供热滑报告；
完成隧道冲洗，达到无扬尘的标准。
(6)信号专业
完成列车 ATP 功能调试；
提供 ATP 调试报告；
实现车辆与安全门联动功能；
实现信号与安全门联锁功能；
提供联动、联锁测试报告；
ATS 具备与行车相关的基本功能；
提供 ATS 与行车相关的基本功能调试、调试测试报告；
取得信号系统允许空载试运行安全授权书。
(7)通信专业
无线通信设备安装完毕，投入使用，并提供初验报告；
专用通信设备安装完毕，投入使用，并提供初验报告；
时钟设备安装完毕，投入使用，并提供初验报告；
广播设备安装完毕，投入使用，并提供初验报告；
电视监控设备安装完毕，投入使用，并提供初验报告；
集中告警设备安装完毕，投入使用，并提供初验报告；
完成与相关专业的调试，达到设计要求，投入使用，并提供初验报告；
无线通信系统完成场强覆盖测试，并提供无线通信系统场强测试报告。
(8)综合监控专业
综控室实现对安全门的监视功能；

控制中心实现对安全门系统的监视功能；

控制中心、车站综控室实现由综合监控系统对相应机电各系统设备的集中监控与管理；

控制中心、车站综控室实现由 FAS 系统对相应机电各系统设备的集中监控与管理；

控制中心、车站综控室实现由综合监控系统对相应 CCTV 系统设备的集中监控与管理；

控制中心、车站综控室实现由综合监控系统对相应广播系统设备的集中监控与管理；

控制中心、车站综控室实现由综合监控系统对相应 PIS 系统设备的集中监控与管理；

控制中心实现由综合监控系统对供电各系统设备的集中监控与管理；

车站综控室实现由综合监控系统对供电系统设备的集中监视。

(9)安全门专业

完成安全门单系统调试，并提供调试报告；

完成安全门现场开关门稳定性测试，并提供测试报告；

安全门系统完成与综合监控系统联合调试，达到设计及使用功能，并提供测试报告；

安全门系统完成与指挥中心系统联合调试，达到设计及使用功能，并提供测试报告。

(10)火灾报警专业

FAS 具备报警功能，并提供 FAS 报警功能调试报告；

消防设备具备原地启动功能，并提供消防专用设备的调试记录。

(11)其他专业

完成调试工作，提供初验报告。

第二节　试运行

1. 试运行的内容

为了保障新线的运营安全，在新线开通投入运营之前，应该进行新配置的各设备与设备之间、系统与系统之间、人员与设备系统之间充分磨合，在磨合的过程中不断发现问题、解决问题，使整个运营系统的稳定性和可控性达到一定的稳定状态，所以要通过试运行这一“实战演练”来进行考察系统的稳定性和可靠性。地铁试运行是一个动态过程，其过程是地铁系统运行水平由低到高、逐渐完善的过程。较短时期的试运行不能充分磨合各系统和发现问题、不能使试运营水平达到一个较高的水平,因此试运行应不少于三个月。

2.试运行的安排

试运行根据最小行车间隔分为3个阶段,按照列车运行图规定的运行间隔进行追踪运行的试验。

第一阶段:低密度跑图及系统功能操作演练;

第二阶段:中密度跑图及非正常应急处置演练;

第三阶段:试运营跑图及预案综合演练。

具体车辆运行图及演练内容由运营单位制定,本书不做详述。

参考文献

[1] 城市轨道交通设备系统综述[M]. 北京:中国铁道出版社,2012.

[2] 城市轨道交通系统集成管理[M]. 北京:中国铁道出版社,2014.

[3] 姚林泉. 城市轨道交通概论[M]. 北京:国防工业出版社,2012.

[4] 城市轨道交通供电系统施工技术与管理[M]. 北京:中国铁道出版社,2014

[5] 城市轨道交通供电系统设计原理与应用[M]. 成都:西南交通大学出版社,2008.

[6] 城市轨道交通自动化系统与技术[M]. 北京:电子工业出版社,2004.

[7] 城市轨道交通信号基础设备[M]. 北京:中国铁道出版社,2012.

[8] 肖彦君. 城市轨道交通联调联试关键技术研究及应用[D]. 北京:中国铁道科学研究院,2014.

[9] 赵清良,刘清,曾明高. 城轨地铁车辆辅助电源系统研究与发展[J]. 机车电传动,2012,(1):52-57.

[10] 王鹏飞,樊贵新,王新海,等. 城轨车辆在 ATO 模式下停车精度问题的分析与探讨[J]. 铁道机车车辆,2011,31(6):77-79.

[11] 王林祥. 浅议城轨交通动车综合调试[J]. 现代城市轨道交通,2010,(2):62-63.

[12] 崔德山,张彦,刘育欣. 高速铁路客运服务系统联调联试技术研究[J]. 铁路计算机应用,2011,20(1):1-4.

[13] 禹志阳. 高速铁路信号系统联调联试技术的研究与实践[J]. 铁路通信信号工程技术,2011,8(3):19-24.

[14] 周茂庆. 地铁系统联调与运营演练探讨[J]. 都市快轨交通,2010,(2):93-96.

[15] 康熊. 高速铁路联调联试技术[J]. 中国铁路,2011,(12):53-56.